W9-BFU-861

СТО
ОДНА
ПОЭТЕССА
СЕРЕБРЯНОГО
ВЕКА

Санкт-Петербург
2000

ББК 84Р1
     С82

Сто одна поэтесса Серебряного века. Антология.
Сост. и биогр. статьи М. Л. Гаспаров, О. Б. Кушлина, Т. Л. Никольская. —
СПб., ДЕАН, 240 стр.
Рецензент С. С. Гречишкин

Составители благодарят профессора Барбару Хелдт
за многовариантное содействие.

ISBN 5-93630-004-8

Предисловие

Название антологии может показаться несколько полемичным, но пусть читатель не сочтет его надуманным или неоправданным. На обложке первого издания стояла круглая цифра — 100, но по иронии судьбы в содержание вкралась ошибка и на самом деле поэтесс в книге оказалось 101. Сто одна — струна на арфе, поэзия не «орфическая», а «арфическая», — мы решили оставить это число. Недаром И. Сельвинский считал, что лучшие поэтические находки возникают из опечаток.

Основная трудность, с какой пришлось столкнуться составителям, заключалась не в том, чтобы «натянуть» количество поэтесс до нужной цифры (вполне условной, разумеется), а в том, чтобы отобрать и выбрать — по разным критериям — именно тех авторов, которые достойно и полно представляют свое время. Время цветения русской поэзии — «Серебряный век», о нем невозможно и неверно было бы судить лишь по нескольким, пусть даже вершинным точкам.

Нашей задачей было дать горизонтальный срез женской поэзии конца прошлого века — и до середины двадцатых годов века нынешнего (таковы, по мнению составителей, естественные границы периода, который никак не мог закончиться в ночь на 26 октября 1917 года). Если бы эта антология выходила лет на девяносто раньше, вряд ли она кого-либо удивила: и принципом отбора, и количеством включенных имен. Может быть, только состав участниц был бы несколько иным. Но это неизбежные коррективы не только исторического времени, но и вкуса составителей. Поэтому здесь, в преамбуле, хочется назвать не только те имена, которые представлены дальше на страницах книги, а прежде всего хотя бы упомянуть поэтесс, чьи стихи в антологию не вошли.

Наталия Бенар, ее с удовольствием цитировал А.Крученых... Куда направился ее «Корабль отплывающий» (название сборника 1922 г.)?.. *Э.Лишева* (Елизавета Жиркова), русская поэтесса, увлекшаяся иудаизмом, уехавшая в Палестину и перешедшая на иврит. Не вошла, к сожалению, в книгу и *Ольга Мочалова,* автор известных всем архивистам (но не читателям) мемуаров о литературе той поры.

Ел.Шварцбах-Молчанова, автор «Неотправленных писем», *Мария Дитрих,* издавшая под псевдонимом «Графиня Мария» сборник «Для немногих» (1905); *Ек.Баженова* с книжкой «Нарциссы», *Людмила Перл, К.Лаврова,* многие поэтессы «второй волны» эмиграции. Никаких биографических данных не удалось найти о *Юдифи Райтлер,* выпустившей книгу «Вериги» в харьковском издательстве «Истоки» (печатавшем и О.Мандельштама, и М.Волошина). Не найдет здесь читатель патриотических стихов *Варвары Вольтман:*

Любила я многие страны,
Да все ничего нет милей,
Чем русские наши бурьяны,
Чем шелесты наших степей...

Так же, как и нет здесь «антипатриотического» стихотворения *Мары Иващенко:*

Я лишена любви к степям и косогорам,
Родной моей мучительной страны,
И к тем святым, что по златым притворам
Колышат память скифской старины.
И русских женщин мягкие движенья,
И кос ленивых терпкий аромат,
И терема души, где песнопенья
Звучат, как поздний листопад.
Я не люблю.

От *Лидии Кологривовой* осталась в архивах только переписка с начальником ее мужа, А.В.Половцевым, а она каждый год — с 1905 по 1914 — выпускала по книжке, с завидным постоянством называя ее «Стихотворения». И стихотворения были занятные; посвящался сборник, например, «Дорогой и доблестной Армии», все стихи были написаны от лица мужчины — и какого мужчины! героя!

От *Л.Алафузовой,* автора книги «Розы на снегу», отпечатанной в Петрограде в 1918 г. в Военной типографии, в архиве остался единственный страшный документ — подробный рассказ о смерти сестры (работала в госпитале и отравилась опиумом).

И, как ни жаль, не нашлось здесь места для дилетантских, но трогательных стихов *Ольги Николаевны Рахлиной-Румянцевой,* опубликованных после ее безвременной кончины в 1916 г. безутешным супругом «для ознакомления близких людей, а не для широкой публики» (любовно изданная роскошная книга с золотым обрезом). Пришлось в последний момент изымать стишок *Евг.Бершадской* о бабочке и тексты из загадочной книги *Татьяны Ризен* «Руки слепой». В предисловии к первому изданию мы предлагали нашим коллегам выпустить антологию «200 поэтесс», чтобы восполнить недостающее. К сожалению, желающих пока не нашлось, и мы повторяем наш призыв, публикуя дополнительный список «кандидатов» (благодарим за ценные добавления Р.Д.Тименчика).

Лидия Аверьянова, последняя, забытая, как часовой на посту, «серебревечница», *Нина Подгоричани, Н.Саконская, Ю.Соколовская, З.Шишова, Л.Брюллова, Н.Минич, Н.Грацианская, М.Гринева, М.Папер, Таубе-Аничкова, М.Вериго, Ел.Малкина, Инна Мандражи, Варвара Статьева, Лидия Литта, Т.Берхман, Н.Каратыгина, Минеева-Татищева, Ел.Звольта, Н.Рудникова, О.Арбенина, О.Ваксель, М.Тамбовцева, А.Мухарева, Е.Брусиловская, М.Толмачева, О.Н.Анненкова, Л.А.Беридзе, Зоя Баранцевич, Иза Кремер, С.Богданович, О.Белявская, Нина Сац, Е.Аносова, О.Боголюбова, Агата Гальперин, Ванда Валуевич, Вера Вертер, Замтари-Меликова, Е.Зыбина, Е.Розен, Е.Корнеева, Наташа Российская, Вера Солнцева, Мелик-Шахназарова, Е.Руссат, М.Пожарова, Е.Северинова, Е.Панайотти, Т.Н.Кладо, Елена Ювада, Татида-Цемах, С.Укше, Э.С.Кальма, З.Тулуб, С.Шиль, Н.Лидарцева, А.Скрябина, В.Гансон, В.Грэт.*

Поразительная особенность русской истории и русской культуры! О недавнем прошлом мы иногда вынуждены судить по разрозненным фактам и уцелевшим фрагментам, и семнадцатый год так же порой скрыт пеленою, как семнадцатый век.

Всплеск женской поэзии в начале XX века был связан с усилением борьбы женщин за равноправие во всех областях жизни, будь то избирательное право, получение высшего образования или свободная любовь. Начиная с 1900-х годов в России стали создаваться женские организации нового типа, в которых женщины объединялись не для занятия рукоделием или светской болтовни, а для совместного участия в женском движении. Так, в Москве была создана «Лига равноправия женщин», а в Петербурге «Женская прогрессивная партия». Появились многочисленные издания: «Женский мир», «Женское богатство», «Женский вестник», «Женское дело», и, наконец, просто — «Женщина» (с бесплатным приложением «Женской библиотеки»). Была издана «Женская энциклопедия»; печатались антологии и сборники, например, такие: «Женская лира» (2 изд. в 1909 г.), или «Сборник на помощь учащимся женщинам, составленный исключительно из произведений женщин-писательниц, снимков с картин и иллюстраций художниц» (М., 1901, 386 страниц). Журнал «Современная женщина» был целиком посвящен проблеме, как тогда говорили, «женщины переходного периода». На страницах этого издания помещались дискуссионные статьи, авторы которых спорили о том, какими путями следует идти женщине XX века к независимости, должна ли она завоевывать свободу от мужского ига постепенно или сразу «взять в руки руль, чтобы управлять кораблем». Поэтесса

Любовь Столица в статье «Новая Ева» предлагала женщине будущего носить тунику, подобно богине-охотнице Диане и «любить играя, но не играть любя» (ее слова сегодня — пример того, как быстро новое и дерзко-оригинальное превращается в трюизм и пошлость).

Сейчас трудно представить тот поистине всеобщий интерес к женскому вопросу, который захлестнул общество в начале XX века.

Пресса регулярно сообщала о диспутах и докладах «на женскую тему», таких как «Бог женщины и мировое зло», «Лики женщин в поэзии и жизни», «Вершины и бездны женской души», «Феминизм древнего мира и современный феминизм», «Роль женщины в католичестве». Естественно, образ новой женщины, получившей название «женщины-танго», вошел и в литературу. Авторы, в числе которых были В. Брюсов и М.Арцыбашев, А.Толстой и А.Каменский, В.Винниченко и Ф.Сологуб, делали попытку изобразить женщину, смело переступающую нормы традиционной морали, становящуюся «и Дон Жуаном, и Ловеласом, и Саниным». Такие литературные создания, естественно, не передавали всей противоречивости, царящей в душе «новой Евы». Поэтому все настойчивее звучали призывы к женщинам — перестать молчать о самом сокровенном. С таким обращением выступила, в частности, на одном из собраний известная поэтесса М.Моравская. «Пусть женщина выскажет все свое интимное, — заявила Моравская. — Это важно для женщины, это несет ей освобождение. Через свои исповедальные стихи женщина перейдет от женщины к человеку». Эти и подобные слова были услышаны. Появилось огромное количество исповедальных стихов, авторы которых раскрывали перед читателями сложную гамму женских потаенных чувств, помыслов и желаний. Читателям и критикам отныне предстояло непредвзято и всерьез отнестись к тому, что вскоре стало обозначаться термином «женские стихи» (сначала — в кавычках, потом — без оных).

Уже в 1910-е гг. появились попытки осмыслить феномен женской поэзии. Некоторые из них принадлежали самим поэтессам. Так, Надежда Львова видела силу женской поэзии в стихийности и непосредственности. Эти качества, по ее мнению, противостояли рациональному мужскому началу, от избытка которого задыхалась поэзия. Общим в творчестве наиболее талантливых поэтесс современности Львова считала трактовку любовной темы. В статье «Холод утра. (Несколько слов о женской поэзии)», опубликованной в 1914 г. в пятом номере альманаха «Жатва», она писала: «У мужчин — целый мир. У женщин только любовь. Понятая в большинстве случаев, как боль, как страдание, как «властительный рок» — она заполняет всю женскую душу... И это очень по-женски. И часто находят они какие-то «свои» женские слова, так хорошо отражающие их переживания». В то же время Львова признавала, что женщины еще не смели облечь свои переживания в адекватную форму. Попутно поэтесса, выступающая в роли критика, делилась своими наблюдениями об отпечатке женственности, присущем стихам некоторых мужчин, и в первую очередь Игоря Северянина «с его женскими чувствами и восприятием мира».

В 1914 г. появилась и статья М.Шагинян «Женская поэзия». По мнению Шагинян, успеху женского творчества способствовала эпоха безвременья, в которой отсутствуют всепоглощающие темы и большие идеи: «В период, когда каждый живет сам по себе... возникает совершенно самостоятельно и целостно ряд женских попыток к самоопределению, почти сплошь интересных». Специфику женской поэтической манеры Шагинян видела в тщательности исполнения, изяществе отделки. Женские стихи она сопоставляла с искусной вышивкой: «Стихи ложатся подобно стежкам; получается острое трогательное и терпеливое мастерство, которое уже само по себе говорит об индивидуально-женской манере. Ни любовь, ни ненависть не «выкрикиваются», не «выковываются», а как бы выстегиваются, вышиваются. У женщин нет пафоса.... но есть особая тщательность и детализированность, которые ныне с таким трудом и так искусственно даются молодежи мужского пола». (Недаром, много десятилетий позже, М.Шагинян, ставшая влиятельной советской писательницей, так противилась изданию стихов Марины Цветаевой — поэтессы, полностью опровергавшей практикой своего творчества искусственные теории современницы.)

Стихи об особенностях женской поэзии писали и представители сильного пола, в том числе М.Волошин, С.Городецкий, В.Шершеневич, А.Гизетти и многие другие. Несмотря на различие художественных вкусов и индивидуальных пристрастий критиков, большинство из них выделяло одни и те же специфические черты женской поэзии последних лет, и прежде всего — «исступленную правдивость», отличающую молодых поэтесс от их предшественниц. «Зинаида Гиппиус, Поликсена Соловьева как бы скрывали свою женственность и предпочитали в стихах мужской костюм, и писали про себя в мужском роде. Поэтессы же последних лет, подобно поэтессам французским, говорят от своего женского имени и про свое интимное, женское,» — писал М.Волошин в статье «Женская поэзия», опубликованной в 1910 г. в газете «Утро России». По мнению критиков, эта исповедальность уже сама по себе делала женскую лирику интересной для общества. Другими специфическими чертами этой поэзии критики называли внимание к конкретным деталям и способность «найти слова для оттенков менее уловимых, чем способны на это мужчины».

И все же, женская поэзия оставалась в начале XX века в России явлением несколько «экзотичным». Желающих поиронизировать было никак не меньше, чем способных говорить об этом явлении серьезно и уважительно.

Поэтессам, входившим в литературу, приходилось преодолевать двойное сопротивление: не только недоверие к новому таланту (а оно всегда существует в критике и в читательской массе), но и недоверие к тому, что этот талант принадлежит женщине... Тем более, что для нападок и упреков женская поэзия действительно предоставляла богатый материал. Не в десятые, а уже в двадцатые годы писал О.Мандельштам: «Худшее в литературной Москве — это женская поэзия... На долю женщин в поэзии выпала огромная область пародии, в самом серьезном и формальном смысле этого слова... В то время как приподнятость тона мужской поэзии, нестерпимая трескучая риторика уступила место нормальному использованию голосовых средств, женская поэзия продолжает вибрировать на самых высоких нотах, оскорбляя слух, историческое, поэтическое чутье». Упрекая Марину Цветаеву в «безвкусице и исторической фальши», Мандельштам хвалит А.Адалис единственно возможным для него способом, т.е. говорит, что ее «голос подчас достигает мужской силы и правды».

И все же критики со временем пришли к убеждению, что женская поэзия — не хуже (и не лучше), чем мужская, она действительно — другая.

Когда же в русском языке появилось слово «поэтесса»? Наверное, достаточно давно, может быть, тогда, когда и слово — «поэт». Но, видно, нужда в нем возникала не очень часто, если в словарях оно объясняется таким образом: «Поэтесса — это женщина-поэт» (корректность определения проверяется невозможностью перестановки: «поэт — это мужчина-поэтесса»). Женщины-поэты на Руси писали и в XIX веке, и, говорят, даже в XVIII, а лирическая песня, как утверждают исследователи, вообще по происхождению «женский» жанр. Но в «Словаре языка Пушкина» слова «поэтесса» нет. Хотя водил Александр Сергеевич знакомство со многими сочинительницами, сочувственно относился к их писаниям, но ценил в женщинах все-таки иные достоинства, а слагать стихи, благодарение Господу, и сам умел.

И.С.Тургенев же использовал более выразительный синоним: поэтка. «Я поэтка, всего лишь поэтка!» — писала и Каролина Павлова, младшая современница Пушкина, старшая современница Лермонтова, пережившая их обоих, но открытая заново лишь в 1915 году, когда В.Брюсов издал ее сочинения. «О ты, чего и святотатство/ Коснуться в мыслях не могло,/ Моя напасть, мое богатство,/ Мое святое ремесло», — это сказала не Ахматова, эти «ахматовские» строки на полвека раньше написала К.Павлова.

«Тургеневская девушка», розовый идеал, созданный в середине XIX века, могла быть объектом, но никак не субъектом и творцом; ею должно было любоваться, но не приходило в голову ее выслушивать. И горе сочинительницам, что брались за перо, сообразуясь с теми представлениями о женской душе и женском характере, какие навязывали им классики русской литературы: самые скучные, вялые, бесцветные произведения написаны именно этими «ожившими персонажами» (достаточно открыть любой толстый журнал 1880-х годов).

Только в начале XX века на небосклоне русской поэзии зажглись сразу две звезды первой величины. Звезды настолько яркие, что затмили для читателей все остальные имена писательниц-современниц. «Я научила женщин говорить...» — где в этой ахматовской строчке нужно ставить ударение, на каком слове?

Всех поэтесс Серебряного века можно разделить на тех, кто Ахматову прочитал (их собственные дольники свидетельствуют об этом с очевидной прямотой), и тех, кто «прошел мимо» (что для стиля оказывалось порой еще губительнее). Если об Ахматовой критика впервые заговорила в статье «Преодолевшие символизм», то лучших поэтесс 1910—1920-х годов можно собрать под заголовком «Преодолевшие Ахматову». Самые чуткие современницы учились у Ахматовой не только и не столько слову, сколько жесту, позе, интонации. До сих пор литературоведы, пишущие о лирике Ахматовой, неизменно упоминают и знаменитую ахматовскую челку, и «ложноклассическую шаль», ставшие полноправными, индивидуально маркированными тропами ее поэтической системы. Не случайно, что зеркало стало одним из самых частых и значимых образов в творчестве Ахматовой. Если снять пренебрежительный оттенок в высказывании А.Блока о том, что поэтесса пишет стихи как бы стоя перед мужчиной, а надо бы — перед Богом, по сути оно окажется верным. Со временем почти невозможно стало различить: жизнь и судьба отражаются в стихах Анны Ахматовой, или сама поэзия диктует законы жизненного поведения.

По точному наблюдению Вл.Ходасевича, именно Ахматовой удалось создать «синтез между «женской» поэзией и поэзией в точном смысле слова... сохранив тематику и многие приемы женской поэзии, она коренным образом переработала и то, и другое в духе не женской, а общечеловеческой поэтики». Другими словами, Ахматовой первой удалось сделать «женскость» своих стихов сознательным приемом.

Марина Цветаева при всей своей ошеломительной исповедальности — продолжательница «мужественной» линии женской лирики, начатой в русской литературе Каролиной Павловой. Кто-то из наблюдательных современников (почти наверняка — из числа поклонников Цветаевой) сказал: «Марина Цветаева — поэт, Анна Ахматова — поэтесса». Поэт А.Тиняков сострил еще обиднее: «Гиппиус — это веч-

но-женственное, Ахматова — вечно-женское, Л.Столица — вечно бабье.» (Впрочем, не лишним будет вспомнить, что выражение «вечно-
бабье» было однажды употреблено Н.Бердяевым и повторено В.Ро-
зановым... применительно к России.)

К концу 20-х годов картина женской поэзии существенно измени-
лась. Немногие поэтессы, дожившие до этого времени, продолжали
писать стихи и, тем более, печататься. Многие оказались в эмиграции, другие — в эмиграции внутренней.

Часто писательницы переставали ценить свой талант и свое творчество, предпочитая литературное самоубийство или литературный анаби-
оз (суррогаты — заказные переводы, непритязательные детские стишки).

Казалось бы, женщина, по природе своей замкнутая в узком мире
душевных переживаний, лишенная масштаба осмысления происхо-
дящего (в силу своей меньшей включенности в политические события), должна и меньше страдать от исторических катаклизмов времени, в котором ей суждено было родиться и реализовывать свои
возможности. Но если историческое колесо прокатывается по ее судьбе,
женщина оказывается под двойным ударом, проживая все испыта-
ния страны как трагедию личной жизни, осознавая себя пассивной
жертвой механических, чуждых законов.

Эта обреченная зависимость женской судьбы от «мужского» хода
истории не позволяла составителям ограничиться разговором только
о поэзии и поэтике текстов, вошедших в антологию. Мы считали своим долгом собрать как можно больше биографических фактов, отдавая дань памяти тем писательницам, чей талант был безжалостно
раздавлен, а сочинения перечеркнуты и забыты (это относится прежде всего к поэтессам, начавшим литературный путь в предреволюци-
онные годы). Инерции Серебряного века, творческих импульсов этого
времени, хватило примерно до середины 20-х годов. В России традиции были прерваны насильственно, но и в эмигрантской поэзии они
постепенно и естественно угасли к 30-м годам.

Началось новое время. Оглядываясь назад и собирая воедино то,
что было создано в женской поэзии восемьдесят, девяносто и сто лет
назад, убеждаешься, что существовала некогда единая трансценден-
тная лирическая волна, разбившаяся о бетонную стену соцреализма.
У поэтесс, чьи произведения вошли в книгу, не было счастливых женских судеб. Может быть, у немногих окажутся счастливые поэтические судьбы — посмертные.

Ольга КУШЛИНА,
Татьяна НИКОЛЬСКАЯ

* * *

Аделина Адалис (настоящая фамилия Ефрон Аделина Ефимовна, 1900—1969) в юности была участницей одесского литературного кружка «Зеленая лампа», куда входили также Э.Багрицкий, В.Катаев, З.Шишова. Печаталась сначала в провинциальных, затем в столичных изданиях, часто выступала на поэтических вечерах. В 1920 г. перебралась в Москву. Сближение с В.Я.Брюсовым сыграло исключительную роль в ее судьбе. Совместно с мэтром символизма молодая поэтесса пишет «Идиллию в духе Теокрита» (не опубликована), составляет сборник стихов — собственных, но с явной выучкой брюсовской школы — «Первое предупреждение» (не издан). Строчки Адалис Брюсов брал эпиграфами к своим произведениям, посвятил ей стихи в трех последних книгах. В 1921 г. Адалис становится ректором созданной по инициативе В.Я.Брюсова «Первой государственной профессиональной школы поэтики», в 1921—22 гг. заведует литературным отделом Наркомпроса, преподает в Высшем художественном литературном институте. Молва о ее стихах расходится широко, но печаталась она, даже в журналах и альманахах, мало, как будто боясь разочаровать большие ожидания. Первая ее книга «Власть» вышла только в 1935, когда в поэтессе видели наследницу уже не Брюсова, а Багрицкого, — и, действительно, разочаровала, несмотря на редкую похвалу О.Мандельштама. Смерть учителя, возлюбленного, покровителя переломила надвое жизнь поэтессы. В письме к М.Шкапской Аделина Ефимовна рассказывала, как приходила в зал, где был выставлен гроб с телом поэта, и читала Брюсову его стихи: Ив.Рукавишников уверил ее, что у покойников слух работает еще 40 дней. В двадцатые годы ей было плохо, — может быть, даже хуже, чем многим. В личном письме она признается: «Повесилась бы, да интеллигентская неумелость — узла не умею правильно завязать». В Краткой литературной энциклопедии она уже значится как «переводчица поэзии среднеазиатских и кавказских республик».

Поэма «Дни» печатается по архиву В.Брюсова.

Дни

Пролог

Пусть продают запыленные сливы
На площадях за малую цену —
Не знает слов ни мудрый, ни счастливый
Скромнейший дар принять в земном плену.
Пусть вечереют статуи и струи

В пустых садах богатых горожан —
Разумных слов вовеки не найду я
Принять дары от зарубежных стран.

1

Есть некий Рим в падении веселом
Вечерних вод из белого ведра,
Дворы домов подобны галльским селам,
И женщина прохожая мудра.
Есть вечера — о тайная отрада! —
Когда возьмешь за небольшую мзду
Тугие розы герцогского сада,
Хотя в презренном выросли саду.
Когда, как лишний день Декамерона,
Твой бег бесславный в памяти встает,
Затем, что трижды встретил похороны,
Затем, что нищий весело поет.

2

От франкских войн и медленных побед,
От пленных жен и бранного веселья
Остался мне невыразимый свет
В названьи Ронсельванского ущелья.
И от средневековой полумглы,
От странствий принца в годы молодые —
Лишь Пикардии черные козлы
Да розовый шиповник Пикардии.
От крестоносца — всякий крест и рог,
И купы роз — далекая награда, —
Где месяца серебряный рожок
В пустой дали за изгородью сада.

3

Судьба приводит черными дворами
В потайный сад необычайных стран,
Где много лип, и розы под холмами
Пылают скромно, окружив фонтан.
У нас у всех позорные печали:
Однажды утром перечислив их,

Идем гулять, и видим глубже дали,
И непонятный понимаем стих.
Так, склонность к драгоценному имея,
Копить гроши должны мы. — И потом
За сто дешевых маленьких копеек
Тяжелый рубль воздастся серебром.

4

Являют утром крепкое смиренье
На кровле солнце и над кровлей дым.
Какое небу надобно терпенье,
Чтоб жить неудержимо голубым!
Ах, чище нет и беспечальней тени,
Чем тень балкона в утреннюю рань, —
И только знак напрасных искушений
В окне напротив милая герань.
Последней негой сердце захолонет,
Прохлада жизни, золотой на вид.
Одна любовь ни в тишине не тонет,
Ни в пламени небесном не горит.

5

Сказав «люблю», немного я сказала:
Любовь поет, а я должна внимать;
Она когда-то розы рассыпала
Незримые на теплую кровать.
И, озаряя тайные пейзажи,
Она прошла навеки сквозь меня,
Как некий луч, но я одна и та же,
Хотя страдаю от ее огня.
Она пронзила медленно и метко;
Теперь поет в прекрасном далеке,
И только реет буковая ветка
Над головой в парчовом колпаке.

6

Настанет час случайного досуга,
Пойду в поля по следу диких коз;
Меня коснется резвая подруга

Неслыханною свежестью волос.
И я скажу: «Нет лучшего предела
Твоей отраде, чем моя печаль:
Земля земная за день потеплела,
Но благодарная остыла даль.
Идем в поля... Я впереди, конечно,
Ты позади, как молодость моя, —
И будет петь печально и беспечно
Благоговейный ветер бытия!»

7

В ином краю нечаянных сияний,
Неискушенные в добре и зле,
Живем на воле и не платим дани,
А наши тени бродят по земле.
Напрасно алча хмеля и отравы,
Как злые дети, на земле живем, —
В ином краю мы праведны и правы,
Земную жизнь ведем, куда идем.
Но иногда двойник высокомерный
Поет в ночи земному двойнику,
И пахнет розой кашка у цистерны
Впервые, может, на твоем веку!

Эпилог

Цветут весною золотом несмелым
Волшебный дрок и тетка бузина;
Моим пытливым пальцам загорелым
Нежна, как луч, древесная весна.
Случайный друг, я за двоих богата!
Случайный друг, скажи, куда идти?
Легчайшее, младенческое злато —
В моей руке для дальнего пути.

(1920 ?)

Вера Григорьевна Аренс (в замужестве Гаккель; 1890—1962) записала в своем дневнике в 1922 г.: «Моя жизнь — поэма — не нашедшая издателя». Запись спустя два года: «Я упорно преследую всего три цели, две для себя, одну для людей. Одна из этих целей писать хорошие стихи ... печатать их, получать за них деньги и издать хотя бы одну книжку. ... О второй цели я умолчу, а третья, чтобы людям, которых я встречаю, облегчить страдания и давать радость». Десятилетием раньше (1912 г., апрель): «Размышляя о том, что хотелось бы остаться жить в памяти людей после смерти, и, отчаявшись оставить большой исчерпывающий портрет, хочу, чтобы на могильном камне были вырезаны слова Н.Гумилева о моей красоте».

Если бы Вера Аренс не была одаренной поэтессой, она действительно бы вспоминалась как «красавица минувших лет», воспетая в стихотворении Н.Гумилева «Сады души» (не единственном, ей посвященном, но — лучшем): «Глаза, как отблеск чистой серой стали, Изящный лоб, белей восточных лилий...» Книги стихов у Веры Аренс при жизни так и не вышло, но ее произведения вполне заслуживают хотя бы посмертного издания.

Вера Аренс родилась в Черниговской губернии в семье морского офицера, ставшего позже профессором истории. С годовалого возраста жила в Петербурге, Петергофе и Царском Селе. В царскосельском доме Аренсов собирался литературный кружок (Н.Н.Пунин и др.). Окончила Смольный институт. Дебютировала в 1911 г. стихами и сказкой в детском журнале «Игрушечка»; с 1913 г. печатала «взрослые» произведения в «Современнике», «Вестнике Европы», «Летописи», «Аргусе» и других журналах. Стихи Аренс привлекали внимание Н.Гумилева, А.Блока (редактировал в 1918 г. ее переводы Гейне), А.М. Горького (советовал избавиться от «избытка литературного дендизма»).

Не связанная с акмеизмом организационно (но со многими акмеистами — личным знакомством), Вера Аренс поэтикой и основными темами творчества органично вливается в это течение. В советское время занималась, в основном, переводами.

Стихи печатаются по публикациям в «Современнике» (1913) и в сборнике «Царское Село в поэзии».

Июль

Все насыщено зноем и запахом липы.
Убран в пышные травы душистый июль.
На столе — запыленные книжные кипы,
На окне — чуть колышется облачный тюль.

За окном золотистые видны дорожки,
Группы сочных пионов и палевых роз.
Я лениво стихов вытираю обложки
И вдыхаю привычный, пьянящий наркоз.

И душа наполняется жуткой отравой:
Мне не нужно пионов пурпурных, ни лип,
Я хочу только пряной питаться отравой,
Слушать шелест страниц и писания скрип.

(1913)

* * *

Вечер. Догорают блики меди
На моих коротких волосах,
Мы идем, как добрые соседи,
К Пушкину поспорить о стихах.

А когда упрямою тоскою
Загудели снова поезда,
У окна стоим рука с рукою.
И над нами первая звезда.

Длинный день томится догораньем,
Нехотя крадется темнота...
От полей повеяло молчаньем
Зацелованного рта.

Клара Соломоновна Арсенева (Арсенева-Букштейн) (1880—1972) родилась в Грузии, окончила 3-ю тифлисскую гимназию. Затем переехала в Петербург, где училась на историко-литературных курсах Н.П.Раева. Ее стихи печатались в «Журнале журналов», «Рудин», сборнике «Восемьдесят восемь современных стихотворений, избранных З.Гиппиус». В 1916 г. в Петрограде вышел первый сборник Арсеневой «Стихи о жизни». Посвященные в основном городу на Неве, воспринятому поэтессой сквозь магию Блока и Ахматовой, стихи Арсеневой выделялись непосредственным детским восприятием, отсутствием жеманности и манерности. В 1920—1921 гг. Арсенева жила в Тифлисе, где вышел ее второй сборник «Стихотворения» (1920), тепло встреченный местной критикой. С 1922 г. Арсенева жила в Москве, переводила грузинских поэтов. В конце 1950-х гг. выпустила стихотворный сборник «Весна на окне» (М. 1958), и еще через десять лет — «Сокровенные просторы» (М. 1968), оставила краткие воспоминания о Блоке.

Публикуемые стихи взяты из сборников «Стихи о жизни» и «Стихотворения».

Песни о каналах

5

Глаза мои опутал
В печаль, как свет во мглу.
В канале плавал купол
От храма — на углу.

И встречи были редки,
Как длинны были сны,
Но я не знала едкой
Такой еще весны:

Вода кружилась мимо,
Стояла пыль крылом,
И камни пахли дымом,
Цветами и теплом.

Сова стальная знала,
Подняв в решетке бровь,
Как долго по каналу
Кружит моя любовь.

Скрипичная мелодия

Бананы продавали
В прошедшую весну.
На северном канале
Клонило так ко сну.
Была зловеще красной
В закат одна стена...
Кого любила страстно?
Куда брела одна?
Томила душу нега,
И теплый плыл туман...
Как странно пахнет снегом
Очищенный банан...
Как может быть, что минет
Меня любовь его?
Как сердце не застынет
От горя своего!

Петербург, 1916

Анна Андреевна Ахматова (настоящая фамилия Горенко; 1889—1966) — центральная фигура русской женской поэзии начала века. В старости она написала: «Я научила женщин говорить — Но, Боже, как их замолчать заставить?» Это неточно: она научила не женщин говорить, а читателей слушать. Она заставила поверить, что содержание женских стихов может быть таким же серьезным, как в мужских стихах. Приметы женского быта, которые прежде могли восприниматься разве что комически, она заставила выражать или оттенять трагизм. Таковы самые знаменитые цитаты из «Четок»: «Я на правую руку надела Перчатку с левой руки...», «Свежо и остро пахли морем На блюде устрицы во льду...», «Перо задело за верх экипажа...». Конечно, чтобы этого достигнуть, на строки «Я надела узкую юбку, Чтоб казаться еще стройней...» каждый раз должны были откликаться строки «А та, что сейчас танцует, Непременно будет в аду». Образ современной молодой женщины (зимой — богема, летом — усадьба) оказывался оттенен вечными масками — блудницы и монахини. Их определил Эйхенбаум в статье 1922 г. и употребил в качестве клейма Жданов в докладе 1946 г. Послереволюционная Ахматова всячески отстраняется от этого раннего образа, представляя себя только как носительницу высоких традиций, Кассандру и Федру русской поэзии. Это было неверно: поздние ее стихи были так действенны именно потому, что воспринимались на незабытом фоне ранних стихов. Поэтому лучшим ее достижением стала вещь, в которой эти два образа рассчитанно сложно просвечивают друг сквозь друга, — «Поэма без героя» (1940—1960-е гг.).

***

Все мы бражники здесь, блудницы,
Как невесело вместе нам!
На стенах цветы и птицы
Томятся по облакам.

Ты куришь черную трубку,
Так странен дымок над ней.
Я надела черную юбку,
Чтоб казаться еще стройней.

Навсегда забиты окошки:
Что там, изморось или гроза?
На глаза осторожной кошки
Похожи твои глаза.

О, как сердце мое тоскует!
Не смертного ль часа жду?
А та, что сейчас танцует,
Непременно будет в аду.

1 января 1913

***

Подражание И.Ф.Анненскому

И с тобой, моей первой причудой,
Я простился. Восток голубел.
Просто молвила: «Я не забуду».
Я не сразу поверил тебе.

Возникают, стираются лица,
Мил сегодня, а завтра далек.

Отчего же на этой странице
Я когда-то загнул уголок?

И всегда открывается книга
В том же месте. И странно тогда:
Все как будто с прощального мига
Не прошли невозвратно года.

О, сказавший, что сердце из камня,
Знал наверно: оно из огня...
Никогда не пойму, ты близка мне
Или только любила меня.

(1911)

***

Двадцать первое. Ночь. Понедельник.
Очертанья столицы во мгле.
Сочинил же какой-то бездельник:
Что бывает любовь на земле.

И от лености или со скуки
Все поверили, так и живут:
Ждут свиданий, боятся разлуки
И любовные песни поют.

Но иным открывается тайна,
И почиет на них тишина...
Я на это наткнулась случайно
И с тех пор все как будто больна.

(1917)

Анна Александровна Баркова (1901—1974) треть жизни — почти 25 лет — провела на каторге. Впервые была арестована в 1934 г., затем в 1947 г., последний раз — в 1956 г. по доносу, из-за перехваченной на почте рукописи. Окончательно освободилась только в 1965 г., старым и больным человеком, доживала свой век в московской коммуналке, скончалась в больнице. Продолжала писать стихи и в самых чудовищных условиях: «Ты, жизнь моя, испорченный набросок Великого творения, истлей!»

Анна Баркова родилась в Иваново-Вознесенске, отец был сторожем при гимназии. Училась в гимназии, но не окончила из-за революционных событий. С двенадцати лет сочиняла стихи, с шестнадцати печаталась в ивановской газете «Рабочий край». В 1922 г. в Петрограде вышел поэтический сборник А.Барковой «Женщина», в следующем, 1923-м, еще одна книжка — пьеса в стихах «Настасья Костер». Яркий самобытный талант, диковатая независимость (приводящая порой к стилистическим сбоям и косноязычию) привлекли внимание современников, и об этих стихах много писали. Луначарский пророчил двадцатилетней Барковой, что со временем она станет «лучшей русской поэтессой за все пройденное время русской литературы». Но недавние сотоварищи по «Пролеткульту» и «Кузнице» безошибочно почувствовали в ней «классово чуждое»: их насторожили мотивы мучительного разлада с современной историей, понимание греховности выбранного пути. Богоотступничество и ужас расплаты, — леймотив ранней лирики Анны Барковой, этой «рыжеволосой ведьмы» (так ее называли), бросившейся себе на погибель в революцию. Второй сборник стихов — «Возвращение», вышел посмертно — в 1991 г. в г. Иваново. Через много лет до читателя дошли страшные, невыносимо-жесткие строки, написанные в сталинских лагерях. Крестный путь «ивановской Жанны Д'Арк» сполна искупил грехи всего поколения воинственных безбожников — раскаявшихся и не раскаявшихся.

Преступница

Я — преступница; я церкви взрываю,
И у пламени, буйствуя, пляшу.
По дороге к светлому раю
Я все травы, цветы иссушу.

Я — зерно, гниющее с страданьем.
На заклание я иду.
Кровь души я отдам с роптаньем
За грядущую звезду.

Я была березкою пугливой,
Трепетавшей на ветру,
И цветком, вплетенным прихотливо
В сладострастную игру.

Тяжело израненной рукою
Путь скалистый прорезать...
Я хочу с рыдающей тоскою
К неизвестному воззвать:

Боже, Боже, сильными убитый,
О, воскресни для меня!
Я слаба, я ранами покрыта!..
Голос дрогнет, зазвеня...

Обреки бессильную, как прежде,
В ласках милого стихать,
Иль предай монашеской надежде
На иного жениха.

И враги мои вкрадчиво зашепчут:
— Ты бессилием сильна,
Слышишь, птицы яркие лепечут?
Ты из них одна.

Береги бледнеющие лилии,
Руки нежные свои.
Их законы мира сотворили
Для одной любви.

Но до сердца стыд меня пронзает:
Пусть я горестно ропщу, —
Созревает женщина иная,
Я в себе ее рощу.

Я — зерно гниющее. Страдая,
На закланье я иду.
Я ропщу, но все же умираю
За грядущую звезду.

1921

Амазонка

На подушечку нежную теплого счастья
Иногда я мечтаю склониться,
И мечтаю украсть я,
Что щебечущим женщинам снится.

Но нельзя в боевой запыленной одежде
Забраться в садик наивных мечтаний,
И тоскую я: где же,
Где мои серебристые ткани!

Привлекает, манит лукаво подушечка
Амазонку с оружием грозным;
Я не буду игрушечкой:
Невозможно, и скучно, и поздно!

Те глаза, что меня когда-то ласкали,
Во вражеском стане заснули.
И приветствую дали
Я коварно-целующей пулей.

1922

Из цикла «Христос»

***

Когда-то мой путь земной
Был ровен и тих,
И шел неотступно за мной
Небесный жених.

Он сиянием тихих глаз
Меня кропил,
Но средь светлых темный час
За мной следил.

Однажды в день грозовой
Взглянула назад.
— А где жених неземной,
Где его глаза!

Он оставил меня одну
В грозе на пути.
Грядущих дней глубину
Кому осветить!

Кому мой путь охранять?
Жених не за мной.
И не могу принять
Я страсти земной.

1922

* * *

Упокой нашего бога,
Каменная земля,
Горевала о нем немного
Двуногая умная тварь.
    Молились мы по уставу
    И так же слагали персты.
    Усопшему богу слава,
    Готовьте новым кресты.
Героям — вечная память.
Если скончался бог,
Кто бы теперь над нами
Возвыситься дерзко смог?
    Равно и ровно отныне
    Любезное стадо, пасись,
    К чему счастливой скотине
    Какая-то глубь и высь?

1927—1928

*Е*катерина Андреевна Бекетова (последний год жизни была замужем, по мужу — Краснова; 1855—1892), приходилась родной теткой по матери Александру Блоку, т.е. была одной их тех безмерно любящих родственниц, которые окружали вниманием и заботой будущего поэта в бекетовском имении Шахматово. Те же самые пейзажи подмосковного Шахматова вдохновляли стихи и Ек.Бекетовой, и А.Блока; те же корни — не только родовые, но и культурные — связывают этих разновеликих писателей. И хотя впоследствии А.Блок старательно преодолевал издержки «сентиментального женского воспитания», но навсегда остался верен «высокому идеализму» семьи Бекетовых. В кругу его детского чтения, вне сомнения, была и книга Ек.Бекетовой «Два мира. Повесть из римской жизни первых времен христианства» (с 1890 года переиздававшаяся семь раз), и многочисленные переводы-переработки Ек.Бекетовой романов Гюго, Диккенса, Стивенсона для детей и юношества.

Екатерина Бекетова получила домашнее образование и, выдержав экстерном экзамены в гимназии, поступила на Бестужевские курсы. Именно к этому времени относится начало ее серьезных литературных занятий: под руководством профессора А.Н.Веселовского она составляет курс лекций по средневековой западной литературе, переводя для него прозаические и стихотворные тексты (например, гимн святого Франциска Ассизского, включенный составителями в посмертный сборник Ек.Бекетовой). Из-за болезни образование она не закончила, уехала лечиться за границу, совершенствовала знания английского, немецкого, французского, итальянского и испанского. С конца 1870-х годов и до самой смерти Ек.Бекетова усердно работала на литературном поприще: переводы, стихи и рассказы для детей, многочисленные переложения для юношества отрывков из романов западноевропейских классиков. Печаталась в различных изданиях — от «Вестника Европы» до «Вестника моды», но наибольшую известность получила как детская писательница. Значение таких литераторов оценивают, как правило, не в критических статьях, а в некрологах. После безвременной кончины Ек.Бекетовой о ней добро вспоминали как об «одной из скромных, но весьма полезных тружениц литературы». Самое неоспоримое свидетельство ее исключительной скромности: оригинальные произведения Ек.Бекетовой были собраны в книги и изданы только посмертно («Счастливое царство. Рассказы в стихах и прозе для юношества». С-Пб., 1892; «Стихотворения». С-Пб., 1895). Стихотворение «Сирень», положенное на музыку С.Рахманиновым, оказалось самой долговечной частью ее литературного наследия и исполняется как романс по сию пору.

Сирень

По утру на заре,
По росистой траве,
Я пойду свежим утром дышать;
И в душистую тень,
Где теснится сирень,
Я пойду свое счастье искать...

В жизни счастье одно
Мне найти суждено,
И то счастье в сирени живет;
На зеленых ветвях,
На душистых кистях
Мое бедное счастье цветет.

1878

Журавли

Вчера еще лес опустелый
Прощался печально со мной,
Роняя свой лист пожелтелый —
До радостной встречи весной.

Мне листья весь путь усыпали
Беззвучным дождем золотым,
И тихо деревья шептали,
Чтоб я возвращалася к ним...

Расстаться нам было так трудно...
Вдруг с неба, иль с дальних полей,
Так звучно, так грустно, так чудно
Раздался призыв журавлей.

От этих лесов пожелтелых,
От этих поблекших небес
На крыльях могучих и смелых
В страну вечно-юных чудес —

Они улетать собирались
И, скорби своей не тая,
С родными лесами прощались —
Прощались печально, как я.

Их крик прозвучал, как рыданье,
И вдаль потянуло меня...
О, лес мой родной! До свиданья!..
До первого майского дня,

До песни прощай соловьиной...
Расстаться с тобою мне жаль,
Но слышишь?.. То крик журавлиный
Зовет меня в светлую даль!

1888

Любовь Михайловна Белкина (урожденная Родионова, 1875—1944), родилась в Минской губернии, училась в гимназии в Минске. С 16 лет самостоятельно зарабатывала на жизнь уроками, занималась революционной работой, руководила «Рабочей партией политического освобождения России», основанной при ее активном участии в Минске. В 1900 г. переехала в Петербург, откуда была выслана в Херсонскую губернию, затем несколько лет жила в Одессе. Агитационные стихи Белкиной печатались в коллективных сборниках «Песни революции» и «На распутьи» (оба 1906 г.). Ее первый стихотворный сборник «Декабрьские дни» и поэма «Лейтенант Шмидт» вышли нелегально в 1907 г. Следующая книга стихов «Лесная лилия» была опубликована в 1910 г. в Москве. В последующие годы Белкина сотрудничала в журналах «Образование», «Русское богатство», «Современный мир», где публиковала стихи и очерки. В 1920 г. вышел поэтический сборник Белкиной «Мои стихи», а в 1925 — поэма «Буревестник Дуарнена».

Стихи Белкиной отличаются искренностью, некоторой наивностью. Она пользуется стереотипными образами и оборотами, восходящими скорее к традиции 80-х годов XIX века, чем к поэтическим исканиям начала XX века.

Публикуемые стихи взяты из сборника «Лесная лилия».

Материнство

Сокровищ волшебных затворы суровые
Открыты волшебным ключом:
Возможности, таинства новые
Мерцают далеким лучом.

Божественным чудом плененная,
Забывши о муках своих,
Была я как жрица, склоненная
Пред тайной и святостью их.

Была как царица на троне я,
Поникшая в сумраке роз,
В предчувствии новой гармонии,
Неведомых песен и слез.

Безумцы

Темна, непонятна, мрачна и сурова
Холодная ночь воцарилась вокруг.
Как узник в неволе, как песня без слова
Скорбит и тоскует мой скованный дух.

Здоров и спокоен, кто сносит без боли
Свой плен безысходный в стенах крепостных,
Кто сросся с темницей, с молчаньем неволи,
Не чувствует цепи на крыльях своих!

Что делать безумцам? Им снится свобода,
Их мучат виденья из солнечных сфер,
Их стены калечат — и жажда исхода
Лишь смерть открывает заветную дверь.

Безумцы! Вы — жертвы за все преступленья...
Одна вам дорога — из ваших оков!..
Пусть свет вашей жертвы на все поколенья
С костров ваших светит за грани веков!

Но бойтесь покинуть Голгофы вершину,
Но бойтесь спуститься на шаг с высоты:
Как мертвые камни падете в долину
И вас не украсят цветы!

Чего ни коснетесь вы жадной рукою,
Все пеплом и прахом из рук упадет,
И радость исчезнет пред вашей тоскою,
И солнце пред вами за горы зайдет.

Нимфа Алексеевна Бел-конь-Любомирская — псевдоним Анны Алексеевны Городецкой, урожденной Козельской (1889?—1945). В 1908 г. она вышла замуж за поэта С.Городецкого, жила с ним в Петербурге, дружила с А.Блоком и другими поэтами символистской и акмеистической ориентации, бывавшими в ее доме. В 1916 г. Бел-конь-Любомирская вместе с мужем переехала в Тифлис, где принимала участие в работе основанного С.Городецким «Цеха поэтов», была хозяйкой литературного салона. На вечерах, проходивших в ее тифлисской квартире, на стол традиционно ставилась глыба льда с замороженными красными розами, которая разбивалась топориком, после чего розы раздаривались присутствующим поэтессам. С 1921 г. Бел-конь-Любомирская поселилась в Москве и перестала выступать в печати.

Бел-конь-Любомирская печаталась в журналах «Голос жизни», «Ars», сборнике «Цеха поэтов» «Акмэ» и некоторых других изданиях. Ее отмеченная цеховой выучкой поэзия производит впечатление упражнений на заданные темы и рифмы. Более естественна интонация окрашенной ориентальными тонами любовной лирики поэтессы.

Публикуемые стихи взяты из журнала «Ars», 1918, №1, и сборника «Акмэ».

В саду Аллаха

1

Нет, не скажу: твои уста —
Сказать хочу я жарче: губы!
Вся стала смуглой красота,
Все яды юга стали любы.

Змеистый ты курил кальян,
Змеясь, плясала одалиска...
Я в алый уплыла туман,
Твой лоб иранский видя близко.

Там где-то в огненных песках,
Твои несметные владенья.
Но ты сказал мне: — Царства — прах
Пред раем твоего волненья.

2

Сладок душный сад Аллаха.
Шелка огненного пряха,
Ты, судьба, в него ввела.

Счастью я не изумилась:
Мне в весенних грезах снилась
Роз томительная мгла.

Друг, взлелеянный Ираном,
С тонким, гибким, смуглым станом
Алый мне давал шербет.

Ночь расплавилась в забаве...
В снах то было или въяве —
Разве может быть ответ?

1918

Огонь

Когда в руках твоих огонь,
      Не тронь
Цветов тоскующую сень,
Деревьев благостную тень,
Бери скалу, гранит, кремень,
Железо, золото и медь,
Цветы лишь могут умереть,
      Истлеть
В сыпучий пепел, в белый прах,
      В твоих руках.

Когда в душе твоей любовь,
    Оставь
Того, кто нежен, свят и тих.
Пьяни бушующую кровь
Сердец безумно-молодых
И пламенем страстей своих
    Расплавь
Всю жизнь! И кинься вновь
В кипучесть океанов огневых
    Вплавь!

1919

Шиповник

Двуцветный шиповник,
Неверный любовник,
Мне нравишься ты.
Наверно, пришел ты,
Оранжево-желтый
Из сада мечты.
Огнем обнимаешь,
Когда принимаешь
Лобзанье в уста,
И светишься, алый,
Как блеск запоздалый,
На ветках куста.
Как ты, был любимым!...
Его серафимы
От горя и бурь
В сапфирно-густую —
О, как я тоскую! —
Умчали лазурь.

1919

Нина Николаевна Берберова (1901—1993) родилась в Санкт-Петербурге. Училась в Ростове-на-Дону. В 1921 г. занималась в студии Н.Гумилева при петроградском Доме Искусств. Дружила с И.Наппельбаум и К.Вагиновым, совместно с которыми выступила со стихами в сборнике «Ушкуйники» (Пг., 1922). В июне 1922 г. Берберова вместе с В.Ходасевичем, вскоре ставшим ее мужем, уехала из России. Жила в Берлине и в Италии, затем в Париже, где в течение пятнадцати лет была постоянным литературным сотрудником газеты «Последние новости». В 1932 г. развелась с В.Ходасевичем. В 1950 переехала в США, где преподавала в различных университетах. В эмиграции Берберова писала романы, рассказы, беллетризованные биографии и стихи. Широкую известность получили ее мемуары «Курсив мой» (1972).

В ранних стихах Берберовой ощутимо влияние Блока и Ахматовой. Ее лирику отличает жизнелюбие, готовность принять мир во всей его сложности и противоречивости, напряженность переживаний, ярко выраженное волевое начало.

Публикуемые стихи взяты из сборника «Ушкуйники» и книги: Н.Берберова. Стихи 1921—1983. Нью-Йорк, 1984.

* * *

О том, что вечером морозным
Шутила, — утром не солгу.
А чьих-то лап следы, как звезды,
Распластанные на снегу.

Уйду. И пристяжные сонно
В постромках задрожат тугих,
Покачиваясь, накрененный
Заденут вехи край дуги.

Пока неровно будут гнуться
Оглобель черные стволы,
Я вспомню: там друзья смеются,
Все те же стулья и столы,

За дверью теплой и тяжелой
И пар, и дым, и голоса.
Да, непокорной и веселой
Была сегодня без конца.

Да, по утрам даю обеты,
Когда от солнца страшно мне,
И исполняю все обеты,
Осмеянные при огне.

***

Честно, весело и пьяно
Ходим в мире и поем.
И втроем из двух стаканов
Вечерами долго пьем.

Есть жена и есть невеста,
У меня — отец крутой,
Ну так что ж, что нет им места
В нашей страсти круговой?

Спросит робкая подруга:
Делят как тебя одну?
Поведу плечами туго,
Узкой бровью шевельну.

Только стала я косая:
На двоих за раз смотрю...
Жизнь моя береговая,
И за то благодарю!

Пб., 1921

А нна Карловна Боане (1869—1939) родилась в Гатчине. Окончила Коломенскую гимназию в Петербурге, затем занималась педагогической работой. Впервые выступила в печати в 1897 г. С 1898 г. публиковала рассказы и статьи в журналах «Образование», «Журнал для всех», «Солнце России», «Лукоморье» и других изданиях. В 1914—1916 гг. была редактором и издателем «Нового журнала для всех». Стихи Боане публиковались в периодических изданиях, альманахах и сборниках, в том числе в газете «Русь», альманахах «Огни» и «Смерть».

Публикуемые стихи взяты из альманахов «Огни» и «Смерть», вышедших в Петербурге в 1910 г.

На кладбище

Я поплакать пришла на родные могилы,
Плачет грустная осень со мной заодно,
Побуревшие травы склонились уныло,
И с ветвей помертвевших, поникших без силы,
Облетели последние листья давно...
Скорбным стоном доносится звон колокольный,
В мертвом сердце, как в церкви пустынной, темно
И в груди оно бьется так слабо и больно...
Все, что было мне дорого — спит здесь навек.
Под застывшей землей... Тихо падает снег
И одна за другою кружатся снежинки,
Застилая деревья, кресты и тропинки...
Тихо падает снег... И средь горных высот
Мне мерещится тяжкий, размеренно ровный
Беспощадного времени вечный полет...
Все загубит крыла равнодушного взлет,
Все земные цветы злое лезвие скосит...
Тихо падает снег, — с ровных, мутных небес,
И поля, и дороги, и сумрачный лес,
И могилки — заносит, заносит, заносит...

Неверный

Слыву неверным потому,
Что ум мой — вечный пилигрим —
Мечтою верен лишь тому,
Кто вечен там, хоть здесь — как дым —
        Неуловим...

Он вечен. Он неколебим,
Но зыбок путь... но через мрак...
Вот свет блеснул — иду за ним, —
Но вновь незрим очам земным
        Небесный знак.

Его лучом озарена,
На миг мне истина ясна,
Я верю ей, ее люблю,
Я за нее в огне сгорю...
        Любовь — верна,

Но краток миг, как блик зарниц,
И вот уж луч зовущий — там,
Здесь — только темный ряд гробниц...
У праха не склонюсь я ниц,
          Не здесь мой храм.

Я жизнью гимн пою лучу,
В его огне сгореть хочу.
Пусть он незрим очам земным,
Путем измен сердцам людским —
          Иду за ним!

Паллада Олимпиевна Богданова-Бельская (1885—1968) родилась и умерла в Петербурге. Окончила драматическую студию Н.Ев-
реинова. В 1910-е гг. была хозяйкой литературного салона, завсегдатаем литературно-артистического кабаре «Бродячая собака», музой
многих поэтов, посвящавших ей стихи. Паллада послужила прототи-
пом одной из героинь романа М.Кузмина «Плавающие-путешеству-
ющие». В 1915 г. Богданова-Бельская выпустила свой единственный
сборник стихов «Амулеты», отмеченный влиянием поэтики А.Ахмато-
вой, М.Моравской и М.Кузмина, в котором создала образ утончен-
ной куртизанки, наслаждающейся столичной роскошью.

Публикуемые стихи взяты из сборника «Амулеты».

***

Георгию Иванову

Не подниму свою вуаль,
Для поцелуя губ не покажу,
И перчатка моя узка ль
И жмет ли больно пальцы, не скажу.

Сегодня Вам не разгадать
Сквозь светлую вуалевую тень,
Зачем мне так хотелось спать,
И почему томит сегодня день.

Коснетесь Вы моей перчатки,
Пытливо взглянете в глаза, но жаль.
Вам так и не решить загадки,
Сквозь светлую, как облако, вуаль.

1913

Женщина

Всех безотчетно я ласкаю
И всех жестоко я томлю.
Зачем? Клянусь, сама не знаю,
Но хоть на миг я их люблю.

Огнем холодным не сгорая,
Я каждого огнем сожгу,
И уж истлевшего бросая,
Вновь трепеща, к другим бегу.

Ах, все возможности прекрасны,
Но, раз достигнув, — погублю.
Все встречи первые неясны,
А расставания — люблю.

Но почему ж, так осуждая,
Меня не могут все понять?
Ведь, всех надеждой услаждая,
Я всем должна хоть раз солгать.

*Н*адежда Николаевна Бромлей (1884—1966) родилась в Москве, в обрусевшей английской семье, окончила 4-ю московскую гимназию, затем театральное училище. Недолгое время училась живописи в Германии. С 1908 г. играла на сцене МХАТа, была одним из основателей Первой Студии МХАТа в 1913 г. В печати дебютировала сборником стихов «Пафос» (М., 1911). В дальнейшем писала прозу, отличающуюся тонким психологическим анализом, которая печаталась в десятые годы на страницах журнала «Северные записки» и выходила отдельными изданиями. Бромлей также автор ряда пьес, шедших в двадцатые годы на русской сцене.

Стихи Н.Бромлей отличает пряный эротизм, сочетающийся с умеренным использованием авангардистских приемов, выразившимся, в частности, в нетрадиционном членении предложений на строки. Ряд стихов и лирических миниатюр, вошедших в сборник «Пафос», имеющий подзаголовок «Композиции. Пейзажи. Лица», написан под воздействием творчества Е.Гуро, с которой Бромлей была лично знакома.

Публикуемые стихи взяты из сборника «Пафос».

***

Учитель старый сладострастья,
Меж темных лип чужого сада
Столкнуло нас июльское ненастье, —
Не отклоняй мерцающего взгляда,
Дай руку темную — я рада.
Ты помнишь дымные и огненные речи?
Десятый год от нашей первой встречи,
Десятый год настал.
Ты детской страсти долго не наскучил,
И сердце детское сжигал
И тело детское измучил...
Ты научил как сладко-сладко лгать:
Так дай же мне поцеловать
Двойную губ твоих змею,
И, содрогаясь, бешено сказать
Свое «спасибо» и «люблю».
Как прежде я тебя целую и дрожу,
Фантазия и страсть шипят во мне ключом,
Ты тяжело и злобно дышишь:
— Я старому врагу по-старому скажу
Тихонько, — на ухо: — о чем? —
— Ты слышишь?
И жарче, и тесней прильну,
Как в прежние, как в старые года,
Ты засверкаешь и прильнешь,
«Так будет?» — я шепчу,
    И ты кивнешь
        «О, да!»

***

Сырое утро; за третьим домом
Улица съедена теплым туманом.

Печаль рассвета к вчерашним ранам
Прильнула мягким свежащим комом.

Трамвай скрежещет, стою на площадке,
Дышу туманом, бежит мостовая;
Вчерашние боли теплы и сладки,
Дрожа, толкают бока трамвая.

Красивый кто-то, но в черном взгляде
Лишь повседневность... твердит старуха
В платке и варежках: дай Христа ради...
— О крылья смерти: о холод духа!..

Смеюсь устало, кривятся губы,
Глаза тоскуют, суха гортань,
А мысли нежны, красны и грубы,
Поникло тело, — душа восстань!

Вчерашних встреч случайны, разны,
Благоуханны и пряны речи,
Больную кровь томят соблазны,
И ждут назавтра иные встречи.

Ёлена Алексеевна Буланина (урожденная Протопопова, 1866—1944) родилась в Москве в семье юриста. С детства жила в атмосфере литературных и музыкальных интересов: сестра ее матери была замужем за композитором А.П.Бородиным. После гимназии слушала курс лекций в Сорбонне (романо-германское отделение); по возвращении учительствовала в Самаре и Москве, сотрудничала в провинциальных и столичных журналах, переводила О.Уальда. В советское время служила в книгоиздательстве «Никитинские субботники», работала над мемуарами. В 1930-х годах писала о Горьком, сыгравшем исключительно важную роль в ее жизни и творчестве.

Однако едва ли не в большей степени, чем Горький, на выбор тем (стихотворные портреты писателей) и на общий дидактический тон ее лирики повлияла многолетняя педагогическая практика, стремление воспитывать учеников в лучших традициях демократической интеллигенции 1880-х гг. Многословные, резонерские и с формальной стороны ничем не примечательные, произведения Е.Буланиной находили своего сочувствующего читателя: несколько строф стихотворения

«Под впечатлением «Чайки» Чехова» были положены на музыку (несколькими композиторами!) и стали популярным романсом, входившим даже в репертуар Плевицкой. В Первую мировую войну возникло переложение «Вот вспыхнуло утро, и выстрел раздался...», а в гражданскую — еще одна солдатская песня, переработка того же романса: «Вот вспыхнуло утро, мы Сретенск заняли...».

Отзвуки популярности «Чайки» Е.Буланиной — в обэриутской драме Д.Хармса «Елизавета Бам», где один из персонажей — «Мамаша» — поет под музыку: «Вот вспыхнуло утро, румянятся воды, Над озером быстрая чайка летит» (именно с этих строк пелось стихотворение). Пародийное использование известного текста основывается на том, что к концу 1920-х годов этот романс воспринимался уже как историко-культурный знак, указывающий не столько на Чехова, сколько на идеалы «чеховской» эпохи. «Кусок» (термин Д.Хармса) абсурдистской пьесы с включенными стихами Е.Буланиной (для Хармса и для читателей — стихами анонимными, «народными») назван автором «нелепо комическим — наивным».

Стихи из единственного сборника Е.Буланиной «Раздумье», М.,1901.

***

Под впечатлением «Чайки» Чехова

Заря чуть алеет. Как будто спросонка
Все вздрогнули ивы над светлой водой.
Душистое утро, как сердце ребенка,
Невинно и чисто, омыто росой.
А озеро, будто сияя, проснулось
И струйками будит кувшинки цветы.
Кувшинка, проснувшись, лучам улыбнулась,
Расправила венчик, раскрыла листы...
Вот вспыхнуло утро. Румянятся воды.
Над озером быстрая чайка летит:
Ей много простора, ей много свободы,
Луч солнца у чайки крыло серебрит...
Но что это? Выстрел... Нет чайки прелестной:
Она, трепеща, умерла в камышах.
Шутя ее ранил охотник безвестный,
Не глядя на жертву, он скрылся в горах.

...И девушка чудная чайкой прелестной
Над озером светлым спокойно жила.
Но в душу вошел к ней чужой, неизвестный,

Ему она сердце и жизнь отдала,
Как чайке охотник, шутя и играя,
Он юное чистое сердце разбил.
Навеки убита вся жизнь молодая:
Нет веры, нет счастья, нет сил!

<1901>

***

Скажи, зачем тебе блестящие каменья,
Добытые трудом и потом в рудниках,
Облитые слезой неволи и мученья?
Взгляни: сапфир блестит в сверкающих морях,
Прозрачней бирюзы сияют неба своды,
Алмаз и перл в росе на листьях и цветах,
Весь в золоте лучей сияет храм природы,
И яхонт, и опал играют в облаках...
Скажи, зачем тебе блестящие каменья,
Облитые слезой неволи и мученья?

<1901>

Варвара Александровна Бутягина (1891–?) родилась в Орловской губернии, детство и юность провела в Москве, где окончила гимназию, училась на историко-филологическом факультете Московского университета, одновременно слушала лекции в Брюсовском литературно-художественном институте. Стихи Бутягина начала писать с 9 лет. Ее творчество формировалось под влиянием К.Бальмонта, с которым она была хорошо знакома. Первый поэтический сборник Бутягиной «Лютики» вышел в Петрограде в 1921 г. Второй — «Паруса» — в Москве в 1926. В начале двадцатых годов она была одним из основателей группы «Литературный особняк», объединявшей поэтов, не примыкавших ни к одному из господствующих литературных направлений.

Поэзию Бутягиной отличает открытость миру и людям, радостное мироощущение. Большое количество ее стихов посвящено природе, с которой поэт находится в тесной связи.

Публикуемые стихи взяты из сборников «Лютики» и «Паруса».

***

Вечер мышонком скребется в затихшие мысли:
Я не боюсь об его коготки уколоться:
Звонкие ведра несу на цветном коромысле,
Их зачерпнула с тобою в глубоком колодце.

Сумерки в окнах, задутые ветром, погасли.
Звезды, спеша, золотые жаровни раздули.
Месяц весь сад положил в серебреные ясли,
Ждет, по дорожке навстречу ему побреду ли...

Месяц смешной, хоть и манит, смешной и двурогий,
Разве забава считать его белые пятна?
Лучше к тебе я уйду по знакомой дороге.
Что из того, что забуду дорогу обратно.

Да, я уйду и до встречи с тобою не лягу.
Солнце встает из алькова, где зори нависли...
Кто удивится, что щедро плескаю я влагу,
Звонкие ведра несу на цветном коромысле?

Вечер

С соборной площади сбежали краски,
И торг в последний раз ударил по рукам,
Слетаю с Солнцем в розовых салазках,
Как по снегу, по легким облачкам.

Подсолнечником бездны золотеют,
Широкие шарахнулись кусты.
Попутчик мне окутывает шею
Высокой пеной кружев золотых.

Разбрызгивают звонкие полозья,
А задувает искры тишина.
И слышно только, как по тропам козьим
Карабкается зябкая луна.

Прочь домики с крыльцом заледенелым!
Не завернем на чадный огонек:
По страусовым перьям белым
Я — наугад, а Солнце — на Восток.

1922

ина Николаевна Васильева (1889—1979) родилась в городе Мерв Закаспийской губернии в семье генерал-губернатора Батуми. В 1908 г. она окончила Смольный институт благородных девиц в Петербурге, затем училась на Бестужевских курсах, работала в канцелярии Управления Николаевской железной дороги. С детства Васильева увлекалась стихами и театром, пробовала свои силы в поэзии и драматургии. Одна из ее пьес шла в 1916 г. в Петроградском театре миниатюр. Васильева посещала литературные вечера и диспуты, была знакома с И.Северяниным, который в 1916 г. посвятил ей два стихотворения. В 1917 г. она уехала в Тифлис к матери и стала принимать непосредственное участие в творческой жизни столицы Грузии. Васильева была членом Литературного Дружества «Альфа-Лира» «Цеха поэтов» при художественном обществе «Кольчуга», секретарем «Союза русских писателей в Грузии». Она печатала стихи в тифлисских журналах и альманахах «Игла», «Фантастический кабачок», а в 1919 г. выпустила свой единственный сборник стихов «Золотые ресницы», отмеченный сильным влиянием А.Ахматовой. В дальнейшем в печати не выступала, но стихи продолжала писать и читать в своем литературном салоне, просуществовавшем до самой ее смерти.

Публикуемые стихи взяты из сборника «Золотые ресницы» и из альманаха «Скарабей», Тифлис, 1921.

* * *

На Петропавловском соборе куранты
Проиграли обычное — «Коль славен».
Мы не закрыли решетчатых ставень —
Он читал «День рожденья Инфанты»,
Белая ночь призрачным светом
Освещала открытой книги страницы.
Я смотрела на его золотые ресницы,
Думала, где он будет летом.
Танцевал на арене карлик горбатый,
Инфанта, забывшись, смеялась громко,
Великий инквизитор улыбался тонко
И, вероятно, цвели гранаты.
Я люблю сказки Уальда очень,
Но в ту ночь мне было не до Инфанты.
Ах, маленькие испанские гранды,
Северный мужчина иногда слишком точен.
Утро наступит неожиданно скоро.
Он уедет ровно в восемь.

Мы друг друга ни о чем не спросим,
В моем взгляде он не прочтет укора.
Но лет через десять даже
Вспомнив эту ночь, сердце заплачет.
Господи, как много значит
Не встретиться в июле на пляже.

Июль 1918

Акростих

Любовь сулит огонь очей —
А он умчался ночью в горы.
Должны сегодня кончить споры
Они ударами мечей.

Господь могуч, решит он, чей
Удар смертелен будет скорый.
Джигита верный конь, опоры
Ищи копытом в тьме ночей.

Ах, страшно ждать исхода битвы,
Шепча пред образом молитвы,
Виня себя, причину бед.

И чтоб судьба была безгневна,
Лепечет роковой обет
Идти в монахини царевна.

1919

Мария Валентиновна Ватсон (1848—1932) родилась в Подольской губернии. Училась в Смольном институте благородных девиц в Петербурге. Впервые выступила в печати в 1876 г. Публиковала стихи в журналах «Вестник Европы», «Русская мысль», «Русское богатство». Дружила с поэтом С.Надсоном, после смерти которого издала полное собрание его сочинений, сопровожденное составленным ею биографическим очерком. Занималась историей зарубежной литературы, написала ряд критико-биографических очерков об итальянских, испанских и португальских писателях. Много переводила с романских языков.

Ватсон принадлежат два стихотворных сборника «Стихотворения» (С-Пб.,1905) и «Война» (1915). Ее стихи, написанные в традиционной манере 80-х годов XIX в., многими современниками воспринимались как устаревшие, что не мешало Ватсон иметь свою аудиторию и принимать участие в поэтических вечерах даже в начале 1920-х гг.

Публикуемые стихи приводятся по сборнику «Стихотворения».

Самоубийство

Призрак чудовищный, страшный,
Кровью облитой тропой
По свету белому рыщет
Тихо, неслышной стопой,
Там, где терзает несчастье,
Мучает ужас и страх,
Люди где горько страдают,
Призрак стоит на часах.
Крепко, железной рукою
Давит он мозг и туман
Стелет на душу, а в сердце
Льет ядовитый дурман.
Силы растратив все в битве,
С горем — не сладив с тоской,
Прячутся слабые духом
Под гробовою доской,
Гибнут до времени, гаснут...
Выход не в стойкой борьбе,
В вечном могильном покое
Ищут... Находят себе.

Родная печать

Глухим, мертвящим сном, постыдным малодушьем
       Ее пытались отравить:
В бунтующую грудь вонзали когти злые,
       Чтоб спутать гордых мыслей нить.
Укора громкий стон и крик негодованья
       Душили на ее устах:
И, пленную, ее угрозой властной мнили
       Склонить, трепещущую, в прах.
Когда же сердце ей сжигал огонь мятежный
       И не могла она молчать, —
Отравой жгучих ран терзать ее спешили
       И острым тернием венчать...
Довольно мрачных снов! Пора, друзья, нам слиться
       В один воинственный союз,
Пора сомкнуть ряды и с пылом дерзновенным
       Расторгнуть звенья тяжких уз!
Пусть сумрачную жизнь лучом горячим, страстным
       Любовь к свободе озарит.
И пламя той любви сильней цепей железных
       Друг с другом нас соединит.
Лишь прозвучи скорей ты, благовест желанный!
       Сумеет вольная печать
И пламенную мысль, и гордые стремленья
       На благо родины отдать!

Мария Григорьевна Веселкова-Кильштедт (1861—1931) родилась в Петербурге, училась в Николаевском сиротском институте. Публиковать стихи начала в 1900 г. Первый поэтический сборник Веселковой-Кильштедт «Стихи и пьесы» вышел в 1906 г. За ним последовали еще два «Песни забытой усадьбы» (1911) и «Листы пожелтелые» (1916). Веселкова-Кильштедт активно сотрудничала в журналах «Исторический вестник», «Народное дело», «Лукоморье», газете «Новое время»; в конце девятисотых годов была секретарем литературного кружка «Вечера К.К.Случевского». Помимо стихов она писала прозу и драматургию.

Основная тема поэзии Веселковой-Кильштедт — быт дворянских усадеб, патриархальная старина. Ее поэтическое творчество отличает легкость письма, внимание к колоритным деталям.

Публикуемые стихи взяты из сборников «Стихи и пьесы» и «Листы пожелтелые».

* * *

Через четверть века
Вхожу в знакомые мне стены,
Под старый и уютный кров.
Здесь пролетел без перемены
Весь этот длинный ряд годов.
В букетах с золотом обои.
Гирлянды роз на потолке,
Вот стул придвинут, — словно двое
Сейчас болтали в уголке.
Обиты темным штофом кресла,
Портреты царские кругом...
И разом вдруг опять воскресло
Воспоминанье о былом.
Иль атомы все той же пыли
Плывут в косых снопах лучей,
Иль в этом воздухе застыли
Все звуки смолкнувших речей. —
Но сердце глупое вдруг сжалось
Давно забытого тоской,
Как в те часы, когда случалось
Нам здесь сидеть рука с рукой.
В душе безумное желанье, —
Гляжу на запертую дверь
В волненье, в смутном ожиданье;
Войди, войди в нее теперь!..
Зачем нельзя нам в книге жизни
Страницы повернуть назад?..
«О, люди!» шепчет в укоризне,
Кивая в окна, древний сад.

Женское

Скажите, — не случалось вам
Стоять над старою картонкой
И улыбаться кружевам
И вышивке старинной, тонкой?
Случалось — трогать лоскутки
И, перебрав цветы и ленты,
Вдруг сердцем, сжавшимся с тоски,

Понять, что это — документы?
Вот ваш былой любимый цвет.
А это платье было с рюшью,
Когда приехал к вам сосед
Знакомиться с уездной глушью.
Пускай помята фалбала
Из бледно-розового фая,
Но как пышна она была
На торжестве шестого Мая!
Вот бальный кружевной платок
И бант от первой дамской шляпки;
Пусть для других он лоскуток,
Обрывок жалкий старой тряпки,
Но в жизни каждое звено
У женщин связано с нарядом,
И, как мужчине ни смешно,
Он в сердце женском — с тряпкой рядом.

Под псевдонимом Татьяна Вечорка в конце 1910-х гг. в литературных кругах Тифлиса и Баку была известна поэтесса Татьяна Владимировна Толстая, урожденная Ефимова (1892—1965). Она родилась в Баку, окончила Закавказский девичий институт в Тифлисе, затем переехала в Петроград, где познакомилась с А.Ахматовой, М.Кузминым, В.Маяковским. Вернувшись в столицу Грузии осенью 1917 г., Вечорка основала там «Литературное Дружество «Альфа-Лира» (по имени первой звезды созвездия Лира), сочетавшее черты «Цеха поэтов» и краеведческого кружка. После распада «дружества» Вечорка была одним из сопредседателей местного «Цеха поэтов» при художественном обществе «Кольчуга». В 1919 г. она перебралась в Баку, где училась на филологическом факультете бакинского университета, сотрудничала в закавказском телеграфном агентстве вместе с А.Крученых, В.Хлебниковым и С.Городецким. С начала двадцатых годов поселилась в Москве.

В первых двух сборниках «Беспомощная нежность» (литографированное издание на правах рукописи) и «Магнолии» — оба вышли в Тифлисе в 1918 — ахматовские мотивы сочетаются с мотивами, характерными для русского дендизма. В книге «Соблазн афиш» (Баку, 1919) заметно влияние футуризма. В последнем сборнике «Треть души» (под фамилией Т.Толстая) (М.,1927) ощутимо увлечение конструктивизмом. Натурализм некоторых стихов на «женские темы» сближает поэтессу с М.Шкапской. С конца 1920-х гг. выступала в печати как прозаик, автор беллетризованных биографий.

Приводимые стихи взяты из сборников «Магнолии» и «Соблазн афиш».

IV

В парчовом обруче
Краткого платья
Пройдет умная длинноносая крыса.
Смотрите!
Дымя лиловым фонтаном
Надушенных папирос,
Бегут за уважаемым хвостом
Чугунные фраки,
Зализавшие лаком проборы.
Тяжелеют мешки под глазами
От голода,
Урвать из помадного рта
(Пещеры, где звучит эхо мозга) —
Жало поцелуйки.

V

Брезгливо сощурясь, он
Идет к барьеру эстрад.
Изумруду Петроний изменил
И вскинул монокль, как фат.
Дрожа, словно автомобиль,
Готовый начать пробег —
Заберет языком в полон
Зал в тысячу человек.

Моей матери

Я не люблю цветов, они не знают боли,
Увянув медленно, они не говорят,
И лишь кошмарная фантастика магнолий
Прельщает иногда мой утомленный взгляд.
Когда, на глянцевитой зелени белея,
В холодной тяжести распластаны блестят —
Ловлю пленительный и пряный аромат,
Что подарил им юг или оранжерея.

Ну что же. Не могла бы быть другой я —
Близки душе моей Бердслей и Гойя.
И лишь магнолии в меху лелея,
При догоревших углях камина,
Люблю впивать поэмы Кузмина,
Не слушая аккордов «Исламея».

1918

Людмила Николаевна Вилькина (1873—1920) родилась в Петербурге. Ее теткой была известный критик З.Венгерова, а мужем — поэт-символист Н.Минский. Вилькина училась в петербургской гимназии кн. А.Оболенской, печататься начала во второй половине 1890 гг. в журналах «Книжки «Недели», «Новое дело», «Журнал для всех», газетах «Новое время», «Биржевые ведомости» и др. Она была в близких отношениях почти со всеми писателями символистского направления, многие из которых собирались в 1900-е гг. в ее салоне. Вилькина публиковала свои стихи, рассказы и переводы в различных символистских изданиях, в том числе «Весы», «Золотое руно», «Перевал», «Вопросы жизни». Отдельными изданиями вышли ее переводы пьес М.Метерлинка, О.Мирбо, Г.Гауптмана. В 1906 г. в Москве вышла книга Вилькиной «Мой сад», включавшая в себя ее рассказы и сонеты. В десятые годы стихи ее появлялись в сборниках и альманахах «Гриф», «Стрелец» и «Страда».

Поэтическое творчество Вилькиной отражает ее любовные переживания и изломы настроения, на которых она концентрируется, сознательно отгораживаясь от внешнего мира. Оставаясь в пределах тем, характерных для декадентства, Вилькина демонстрирует высокую поэтическую культуру, умение владеть словом, вместить в форму сонета расплывчатый мир грез.

Публикуемые стихи взяты из сборника «Мой сад».

Цифра 2

Средь чисел всех милей мне цифра — два.
То — лебедь белая средь темных знаков,
Цветок душистый средь поникших злаков,
На длинном теле сфинкса голова.

Земля и небо — оба естества —
В ней слиты тайной всех лучей и мраков.
Она — обетованье вечных браков,
И там, где дышит жизнь, она жива.

В ней таинство зачатья и порока,
В ней отдых от единого добра.
В ней веры и сомнения игра,
В ней пестрый шум и разноцветность рока.

Она — достойный образ божества,
Языческая лебедь — цифра два.

Освобождение

Я не любви ищу, но легкой тайны.
Неправды мил мне вкрадчивый привет.
Моей любви приюта в жизни нет,
Обман во мне — и жажда легкой тайны.

Обман — знак божества необычайный,
Надежда на несбыточный ответ.
Тот победит, кто в панцирь лжи одет,
А правда — щит раба, покров случайный.

Болезнью правды я как все страдала.
Как мерзкий червь я ползала в толпе.
Среди людей, на жизненной тропе,
Она меня, свободную, сковала.

Теперь передо мной широкий путь:
Прославить ложь! от правды отдохнуть!

Ада Владимировна Владимирова (настоящие имя и фамилия Олимпиада Ивойлова) (1890—1985) родилась в Петербурге, училась на историко-филологическом факультете Бестужевских курсов. Впервые опубликовала стихи в 1906 г. Печаталась в журналах «Весна», «Вестник Европы», «Современный мир», альманахе эгофутуристов «Очарованный странник». Владимирова была другом и соратником Елены Гуро, сильным влиянием которой отмечены стихи, вошедшие в сборник «Дали вечерние» (Спб., 1913). Для этого сборника, в отличие от двух последующих — «Невыпитое сердце» П., 1918, и «Кувшин синевы» М., 1922, — характерно стремление к песенной мелодичности стиха. Основная тема поэзии Владимировой — уход от чуждых людей в царство звуков, дарящее ей душевный покой.

Публикуемые стихи взяты из сборников «Дали вечерние» и «Невыпитое сердце».

* * *

Слышишь, слышишь, душа кричит!!
Душит земля меня... Страшно!
А он — зловещий мир — молчит.
Вечная ночь, коченеет душа.
Холодно... холодно в мире...
Если б навеки уснуть, не дыша...
Люди... откликнитесь... где вы?
Люди, унес он навеки с собой
Тихие ласки напевы;
Душу хрустальную в небо унес:
Землю и вас не любил он;
Высшее счастье на миг мне принес.
Люди, о, дайте к нему мне уйти.
Чу... он зовет меня... тихий,
Светлый, приду к тебе скоро... о, жди!

На улице

1

Гвоздями чужих глаз
прибитая к тротуару,
не могу поднять головы.
Вывески, кривясь искалеченными ртами,

насмешливо разрывают платье.
Испуганно синеет прячущееся тело,
от цепкой боли
свиваясь в клубок.

Бежать —
  но нельзя,
на ногах
выросли
гранитные сапоги.

2

Обидно чужие
          улыбочки,
ухмыляясь гнилыми зубами,
зловонно липнут к платью:
и спина,
обвешанная гирями взглядов,
остро хрустит от боли,
как телега,
нагруженная свинцом.

Галина Леонидовна Владычина (1900—1970) родилась в Житомире в семье врача. После гимназии работала в городской управе и тогда же стала пробовать свои силы в поэзии и драматургии. После революции занималась уже только литературным трудом, участвовала в организации Пролеткульта в Самаре, писала для московских театров пьесы и эстрадные обозрения. Печаталась немного, своих собственных сборников у нее не выходило («Золотая кумирня», изданная в Киеве в 1921 г., приписывается в библиографиях Г.Владычиной ошибочно: ее единственное стихотворение «Лучами золотые клетки...» соседствует здесь с произведениями А. Случановского, И. Грузинова, С. Зарова). Более привычный контекст поэзии Г. Владычиной — имажинистский: А. Мариенгоф, В. Шершеневич, Р. Ивнев, С. Есенин. Есенину посвящены два стихотворения Г. Владычиной в коллективном сборнике 1926 г. «Памяти Есенина».

Несмотря на редкое появление в печати, имя Галины Владычиной вошло в «поэтическую обойму» поэзии двадцатых годов: составители включили ее в представительную антологию «Поэзия большевистских дней», Берлин, 1921 (текст ее «ради единообразия» переписан по старой орфографии, хотя и с сохранением смысловой опечатки московской публикации); Борис Гусман посвятил ей главку в замечательной книге «Сто поэтов», Тверь, 1923. Б.Гусман дал такую характеристику ее лирики: «В мире призраков живет Галина Владычина. Вся она в мучительном страхе перед жизнью, которой она предпочитает сон». Но первый коллективный сборник, в котором участвовала Г.Владычина, назывался не «Сон», а «Явь» (М.,1919), и ее ли вина, что окружающая жизнь казалась ей кошмаром, мучительным мороком? Может быть, такое заключение вынес критик, прочитав ее книгу «Страх» (о рукописи невышедшего сборника можно узнать сегодня только из библиографии в конце книги Б.Гусмана).

Галина Владычина была репрессирована в 1937 году.

* * *

Вот ветер воем Эвменид,
Влача гремящие котурны,
В мое жилище залетит,
Прошелестит дыханьем бурным
И взлетом веющих десниц,
И взрывом напряженной силы
Ворвется в ворохи страниц
И опрокинув, льет чернила.
Он дует буйною струей
На обмирающее пламя
И, грузно шаркая ногами,
Взметает плащ над головой.
Сижу, не зажигая свеч,
В кипящем сумрачном тумане,
И крыльями встают вдоль плеч
Разбушевавшиеся ткани.

1922

* * *

Кто-то крикнул звенящей тугой тетивою,
Песней стрел застонал раздробившийся крик.
И, сквозь зубы роняя глухое: за мною...
Чье-то горло прозревшей рукою настиг.
Мне ли? Час? Или черный провал в бесконечность.
Горло билось под судорожно сжатой рукой.

Только вдруг время стало, обрушившись в вечность,
И потом понеслось загремевшей ордой.
И смешались... — и крики, и люди, и пламя,
Стая пуль, словно рой обезумевших ос.
Кто-то падал на мокрые красные камни,
Кто-то в пальцах горсть радости к далям пронес.
И не важно, что смерть с самой злой из улыбок,
Обнаглев, танцевала свой гадкий канкан,
Кто-то с неба блестящие звезды рассыпал,
Налепив их на пятна дымящихся ран.
И не больно, что древне-священные храмы
Зашатавшись роняли свои купола,
Что-то звонкое, яркое тлело над нами,
И душа ослепительным солнцем цвела.

1919

* * *

Лучами золотые клетки
Разбросаны в песках аллей,
Горят чахоточные ветки
Румянцем радужных огней.

В больную грудь свою вбирая
Сон закатившейся зари,
Они всей солнечностью мая
Возносят листьев янтари.

Смычком ветвей осенних скрипок
Они поют о неге снов,
Когда, огни свои рассыпав,
Они заснут во мгле снегов.

1921

*Е*катерина Николаевна Волчанецкая (Екатерина Дмитриевна Ровинская, 1881—?) была дочерью известного научно-художественного и общественного деятеля Дмитрия Александровича Ровинского: правоведа, коллекционера, автора подробного «Словаря русских граверов XVI—XIX в.». Осиротев в четырнадцатилетнем возрасте, Екатерина носила фамилию отчима, и только в 1921 г., благодаря ходатайству адвоката А.Ф.Кони, близкого друга семьи, ей удалось опять стать Екатериной Дмитриевной Ровинской.

Родилась она в Петербурге, но биографически больше связана с Москвой. Училась в Московском университете, получила два диплома: в 1908 г. на отделении русской словесности, в 1917-м — на факультете романских литератур. Самостоятельно изучала языки, переводила с французского, английского, испанского. В 1900-е годы вместе с оригинальными стихотворениями печатала переводы де Виньи, Вордсворта, Бодлера. Сочиняла стихи с семи лет, первая публикация — в 1902 г. в «Журнале для всех» стихотворения «Не будь ничьим рабом». Писала также популярные брошюры по русской и всеобщей истории.

В двадцатые годы работала секретарем в подотделе научных экспедиций, съездов и выставок Академии наук. Была одним из учредителей кружка «Литературный особняк», участвовала в сборниках «неоклассиков». Кроме лирических стихотворений в 1920—1921 гг. ею созданы поэмы «За други своя» (с эпиграфом из Евангелия, снятом при публикации) и «Отравленные всходы» (об искалеченной судьбе питерских детей). К последнему произведению сочувственно отнесся А.В.Луначарский, способствовал появлению его в печати, и Е.Волчанецкая (Ровинская) позже поставила посвящение ему на «Отравленных всходах». (Поэма «За други своя» посвящена Андрею Белому.)

В письме к А.Ф.Кони летом 1921 года она писала: «Очень мечтаю о сборнике стихов, вернее о двух сборниках, т.к. в творчестве определились две струи, которые не хотелось бы соединять в одной книге — струя субъективной лирики с оттенком мистицизма, те стихи, за которые меня называют "святой Екатериной", и струя объективной лирики "За други своя", к которой можно отнести обе поэмы и мелкие стихотворения, которые я ... хотела объединить под названием "Песни труда и отдыха"». Но все эти произведения были изданы под одной обложкой сборника Ек.Волчанецкой «Серебряный лебедь» (М.; Пг., 1923).

***

Огненный рот архангела
Губы мои прожег,
И омыться в священном Ганге
Мне велено грозным богом.
Шиповник в вечерних росах
Надену, свершая обет,
И с заповедным посохом,
Босая, уйду со света.
А сердце жадное мечется,
Не слыша напев «аллилуйя»,
Гадает на чет и нечет,
И нового ждет поцелуя.
Напрасно в пустыне пощусь,
Чтоб омыться в священном Ганге, —
Губы ищут в кощунстве
Огненный рот архангела.

***

Мы сегодня гостей встречали,
Белой скатертью стол накрыли,
И лазоревый челн причалил
На больших лебединых крыльях;
В нем сидели мать и ребенок,
В поблекших парчовых платьях,
Как будто с старинных иконок,
А с каких — не могла узнать я.
Я придвинула стул плетеный
И сказала — сядьте, я рада. —
За окошком шумели клены,
И пахло дождем из сада;
Дышали светлые лики
Любовью простой и мудрой...
Положила им земляники
И посыпала сахарной пудрой.
«Здравствуй, гость, дорогой и милый,
Как давно у меня ты не был!
Я тебе молока вскипятила
И спекла душистого хлеба;
Мне у лебедя хватит места, —

Упроси, Пречистая, Сына, —
Я хочу быть его невестой,
Как святая Екатерина.

***

Хочется любви, простой и бесхитростной,
Красных огоньков настурции на окошке;
Выбежать за ворота в платье ситцевом
И белом платке с голубыми горошками;
На шею повесить янтарные бусы,
Пестрою лентой связать волосы,
Встретить милого, с кудрями русыми,
Карими глазами и звонким голосом.
И можно отдать все мировые трагедии,
Которыми книги поэтов наполнены,
За простую радость — любовь встретить
Под вечер за воротами, грызя подсолнухи.

Из поэмы «За други своя»

Давно минувших дней наследство, —
Печаль и неизбытый страх, —
Мое безрадостное детство,
В чужих, неласковых руках.
Но тем сильней и затаенней
Я в приближавшейся грозе
Ждала друзей потусторонних,
Единственных моих друзей;
Когда голубоватый вечер
Сгущал окрестные леса,
Мне слышались в хлеву овечьем
Неведомые голоса;
И в комнате, в закатном блеске,
Прикосновеньем чьих-то рук,
И колебаньем занавески
Мне говорил сошедший друг;
Но если я, со сладкой дрожью,
Рассказывала тайну встреч,
Бранили выдумкой и ложью
Мою взволнованную речь,

Ты, взрослый, чувствующий тонко,
Ты видел ли когда-нибудь
За ненормальностью ребенка
Недетскую, большую жуть,
Не знал ли горького смущенья,
Когда, подняв к иконе взгляд,
Просило для тебя прощенья
Тобой избитое дитя!..
И все ж мне жаль забытой детской,
Лучей, дрожащих на полу,
И русой Кати Волчанецкой,
Тихонько плакавшей в углу.

В 1915 г. в Одессе вышел альманах группы молодых поэтов «Авто в облаках», в котором было опубликовано три стихотворения Нины Воскресенской, выдержанных в футуристической манере. Под этим псевдонимом скрывался любитель розыгрышей и мистификаций поэт Эдуард Багрицкий (1895—1934). Друзьям и знакомым Багрицкого нетрудно было определить авторство стихов, содержащих ряд намеков, дающих ключ к разгадке. Так, в автоироничном стихотворении «О любителе соловьев» обыгрывалось фанатическое увлечение юного поэта пернатыми и перечислялись его любимые породы птиц. А стихотворение «Дерибасовская ночью», стилизованное под раннего Маяковского, было очень похоже по манере на подписанное Багрицким стихотворение «Гимн Маяковскому», опубликованное в том же сборнике. Однако местная критика приняла розыгрыш за чистую монету и подвергла критике стихи Н.Воскресенской, посоветовав ей заняться домашним хозяйством.

Публикуемые стихи взяты из сборника «Авто в облаках».

Дерибасовская ночью

(Весна)

На грязном небе выбиты лучами
Зеленые буквы. «Шоколад и какао».
И автомобили, как коты с придавленными хвостами,
Неистово визжат: «Ах, мяу! мяу!»
Черные деревья растрепанными метлами
Вымели с неба нарумяненные звезды,
И красно-рыжие трамваи, погромыхивая мордами,

По черепам булыжников ползут на роздых.
Гранитные дельфины — разжиревшие мопсы —
У грязного фонтана захотели пить,
И памятник Пушкина, всунувши в рот папиросу,
Просит у фонаря: «Позволь закурить!»
Дегенеративные тучи проносятся низко,
От женских губ несет копеечными сигарами,
И месяц повис, как оранжевая сосиска,
Над мостовой, расчесавшей пробор тротуарами.
Семиэтажный дом с вывесками в охапке,
Курит уголь как денди сигару,
И красноносый фонарь в гимназической шапке
Подмигивает вывеске — он сегодня в ударе.
На черных озерах маслянистого асфальта
Рыжие звезды служат ночи мессу...
Радуйтесь, сутенеры, трубы дома подымайте —
И у Дерибасовской есть поэтесса!

1915

О любителе соловьев

Я в него влюблена,
А он любит каких-то соловьев.
Он не знает, что не моя вина,
То, что я в него влюблена
Без щелканья, без свиста и даже без слов.
Ему трудно понять,
Как его может полюбить человек.
До сих пор его любили только соловьи.
Милый! Дай мне тебя обнять,
Увидеть стрелы опущенных век,
Рассказать о муках любви.
Я знаю, он меня спросит: «А где твой хвост?
Где твой клюв? Где у тебя прицеплены крылья?
— «Мой милый! Я не соловей, не славка, не дрозд.
Полюби меня — ДЕВУШКУ,
ПТИЦЕПОДОБНЫЙ
И
хилый... Мой милый!

1915

ҍод дедовской фамилией Гадмер публиковала большую часть своих произведений Елизавета Саввична Ушкова, в замужестве Голова (1863—после 1934). Она родилась в Туркестанском крае, окончила Екатеринбургскую гимназию, с 1879 г. начала сотрудничать в уральской прессе. Ее стихи публиковались в газетах «Уральская жизнь», «Уральский край», «Екатеринбургская неделя».

Печаталась Гадмер и в петербургских журналах «Русское богатство», «Всходы», «Маяк». Гадмер принадлежат четыре поэтических сборника «Стихотворения Елизаветы Ушковой» (Екатеринбург, 1884), «Стихотворения Елизаветы Головой» (Екатеринбург, 1887), «Птицы небесные» (в который вошли и рассказы) С-Пб., 1904, и «Вечерний звон» Липецк, 1911. Писала она также прозу — рассказы для взрослых и детей, очерки, пробовала свои силы в драматургии, переводила пьесы Шиллера.

Основные темы стихов Гадмер — природа, любовь, социальная несправедливость. Ее поэтическими учителями были Н.Некрасов и А.Фет, влияние которых явно ощутимо в ряде стихотворений.

Публикуемые стихи взяты из сборников «Стихотворения Елизаветы Ушковой» и «Вечерний звон».

***

Меня судьба не баловала, —
Немного счастья мне дала:
Зато я горя много знала,
И много слез я пролила...

Прости мне, Боже, мысли эти!
Нет, я не жалуюсь... молчу...
Все, все ведь к лучшему на свете!
Я верить этому хочу!

Как знать? быть может, если б счастье
Одно давалось мне всегда,
Чужое горе и несчастье
Мне близким не было б тогда.

Своей довольная судьбою
И благоденствием своим,
Быть может, я была б глухою
Ко всем страданиям чужим...

О, если так, то, Провиденье,
Прости мне жалобу мою!
За все страданья и лишенья
Тебе хвалу я воздаю.

Труженицы

1

Вот она — сестра и друг народа —
В деревенской замкнутой глуши,
Где не тайна всякая невзгода
Даже для младенческой души.

В школе тесно: душен воздух спертый
(С непривычки трудно им дышать),
Слоем грязи пол покрыт истертый,
Из-за шума слова не слыхать.

Много воли надо и терпенья
Той, которая себя здесь погребла,
И для меньшей братьи просвещенья
Жизнь свою на жертву обрекла.

Годы юные в труде проходят:
Начинают силы упадать,
И здоровье с ними же уходит,
Но она не хочет отступать.
Раз начав благое дело
Надо славно, честно довершить,
До конца ей нужно биться смело —
Или пасть в борьбе, иль победить.

Ведь не чужды ей учащиеся дети —
Это Руси милые сыны;
Дикари нечесаные эти
Будут главной силою страны.

Бог на помощь труженице славной
Мрак густой в деревне разогнать,
Честных граждан Руси православной
И работников разумных воспитать.

Имя Екатерины Александровны Галати (1890—1935), часто встречалось в рецензиях на страницах русских, а чаще — эмигрантских журналов в начале 1920-х годов. (Писала также под фамилией мужа — Косвен; муж, М.О.Косвен — известный этнограф, скончался в 1967 г.). Она заявила о себе незадолго до революции поэтическим сборником «Тайная жизнь» (Пг., 1916), позже написала поэму «Гибель», участвовала в альманахе «Кольцо» (М., 1922, кн.1), сотрудничала в журнале «Сполохи» и «Литературном приложении к газете «Накануне» (о чем вспоминает Роман Гуль в первом томе мемуаров «Я унес с собой Россию»). В известном берлинском библиографическом журнале «Новая русская книга» в 1922 году появилась краткая справка о Ек.Галати: «... с осени 21 года живет в Москве ... приготовила к печати вторую книгу стихов "Убежище"». Журнал собирался печатать присланную им автобиографию поэтессы, но публикация не осуществилась, текст заметки в архивах журнала не обнаружен. Вторая же книга, действительно, вскоре появилась в печати, хотя и под другим названием: «Золотой песок» (М., 1924). В это время Е.Галати была близка к литературному кружку «Зеленая лампа», куда входили прозаики М.Булгаков, С.Ауслендер, Ю.Слезкин. Пробовала свой талант в драматургии. Последняя книга Е.Галати, вышедшая в 1928 году в Москве, — рассказ для детей «Животные жарких стран».

Поэтическая манера Е.Галати свидетельствует о близости к младшему поколению символистов, от которых ее отличает чуть заметное изменение интонационного рисунка стиха, — порой жеманного и по-женски капризного.

Город

Извели меня туманы,
Трубы — дымный лес,
А над ним — аэропланы,
Оскорбители небес.
В окна, серые от пыли,
Дышит смрадом гулкий двор.
Я боюсь, ты не забыл ли
Наш недавний уговор?
Ты сказал: как только синий
Лед помчится по реке,
Помогу твоей тоске,
Страшный город мы покинем.
Ты сказал, что мы уедем
На высоком корабле

К солнцу, к странствиям, к победе,
К неизведанной земле.
День за днем, за нитью нити
Медленно весна прядет...
Мой освободитель
Не идет.

1916

Грустная серенада

Памяти Виктора Гофмана

Спят в озаренной прохладе
Серые горы вдали.
Грустной моей серенаде,
Друг мой, внемли.
Выйди гулять под луною,
Светлой дышать тишиною,
Слушать со мною свирель.
Пахнет чуть-чуть тополями,
Снова весна над полями,
Снова апрель.
Есть на страданье намеки,
Жуткие тайны в весне.
В жизни мы все одиноки.
Выйди ко мне.
Дальних туманов вуали,
Будто предвестья печали.
Может быть, близко гроза.
Вместе не будет тревожно,
Я обниму осторожно
И поцелую глаза.

1916

Юность

Был каждый день обыкновенный
Как праздник, радостен и нов,
Мои бессонницы — блаженны,
А пробужденья — лучше снов.
О юность, нежная тревога,
Бубенчиков счастливый звон!
Благоухавший так немного,
Так скоро пролитый флакон!

1916

Весна

Сосновый свет, сосновый дух,
Веселый гул, лесная прелесть.
Тропинки размечтались вслух,
Деревья птицами распелись.
Под солнцем в песенном чаду,
Выходят звери друг за дружкой,
И дует в гулкую дуду
Меланхоличная кукушка.
Так славят майское житье
Поющая земля и птицы.
И мне сегодня пригодится
Искусство бедное мое.

1923

Галина Галина — псевдоним Глафиры Адольфовны Ринкс (1873—1942). Она родилась в Петербурге, после окончания гимназии работала телеграфисткой. Служебные будни нашли отражение в ее повести «Из телеграфной жизни», опубликованной в 1900 г. в журнале «Жизнь». Двумя годами позже вышел первый поэтический сборник Галиной «Стихотворения», а в 1906 г. — второй и последний «Предрассветные песни». Широкой популярностью пользовалось стихотворение Галиной «Лес рубят...», написанное в ответ на репрессии властей против студенчества и запрещенное цензурой. За публичное чтение этого стихотворения ей на год было запрещено жительство в столицах. Свои стихи Галина сравнивала с полевыми цветами, которым «не место в горячем бою». Присущие ее поэзии лиризм, напевность интонации дали возможность переложить многие стихи на музыку. Среди композиторов, писавших романсы на стихи Галиной, были С.Рахманинов и Р.Глиэр. Ее стихотворение «Трансвааль» об англо-бурской войне стало народной песней. В то же время поэзия Галиной, далекая от символистских исканий, воспринималась современниками как устаревшая. После 1906 г. Галина пишет в основном для детей, сотрудничает в популярных детских изданиях, таких как «Задушевное слово», «Игрушечка», «Светлячок» и других. Занимается она и переводами, точнее вольными переложениями западноевропейской поэзии.

Публикуемые стихи взяты из двух поэтических сборников Галиной «Стихотворения» и «Предрассветные песни».

***

Одиноко я в мире брожу,
Закрывая души уголок;
Как улитка в свой тихий домок,
Я в него от людей ухожу...

Все боюсь я: чужая рука
Беззастенчиво дверь оборвет,
Как ребенок крыло мотылька.

***

Лес рубят — молодой, нежно-зеленый лес...
А сосны старые понурились угрюмо,
И полны тягостной неразрешимой думы...
Безмолвные, глядят в немую даль небес...
Лес рубят... Потому ль, что рано он шумел?
Что на заре будил уснувшую природу?
Что молодой листвой он слишком смело пел
Про солнце, счастье и свободу.
Лес рубят... Но земля укроет семена;
Пройдут года, и мощной жизни силой
Поднимется берез зеленая стена —
И снова зашумит над братскою могилой!..

1901

Сергей Гедройц — псевдоним Веры Игнатьевны Гедройц (1876–1932), поэта и писателя. Она родилась в Киеве, училась в Петербурге на курсах П.Ф.Лесгафта. За участие в революционном движении была выслана в 1892 г. в родовое поместье в Орловской губернии, откуда бежала в Швейцарию, где закончила медицинский факультет Лозаннского университета. В 1900 г. вернулась в Россию. Работала ординатором в Царскосельском дворцовом госпитале. После Февральской революции поехала на фронт и стала корпусным хирургом Сибирской стрелковой дивизии. В 1918 г. была ранена и эвакуирована в Киев, где занималась медицинской деятельностью.

Первый сборник Гедройц «Стихи и сказки» вышел в Петербурге в 1910 г., второй сборник стихов был опубликован в 1913 г. под названием «Вег», что в переводе с немецкого означает «путь» и совпадает с начальными буквами ее имени и фамилии. Гедройц была членом «Цеха поэтов», печатала свои стихи в органе «Цеха поэтов» журнале «Гиперборей», изданию которого оказывала материальную поддержку. Публиковалась также в журналах «Северные записки», «Современник», «Заветы», «Вестник теософии», «Альманах муз». Увлечение теософией оказало влияние и на ее поэтическое творчество, в котором отчетливо ощутимы мистические мотивы, отчасти восходящие к фольклору. Особняком в поэзии Гедройц стоит повесть в стихах «Страницы из жизни заводского врача», опубликованная в 1910 г. в журнале «Светлый путь». В этом произведении «производственная» тематика соединяется с традициями гражданской поэзии. Гедройц писала также рассказы и повести, большинство из которых осталось неопубликованными.

Публикуемые стихи взяты из сборника «Вег».

* * *

Камнем когда-то коснулся ноги твоей,
Позже, когда проснулся душой своей,
Песни пел птицею, вольные песни полей.
С каждым рожденьем любил, все любил сильней.

Облаком легким от солнца тебя закрывал,
Средь тростников тихо на флейте играл,
Валом встречал тебя в плаваньи бурных морей.
С каждым рожденьем любил, все любил сильней.

Встретились снова и снова тебе свою душу отдал,
Путь, по которому шел, не колеблясь, избрал,
Чувствую, скоро закат моих жизненных дней.
С новым рожденьем любить тебя буду сильней.

Угар

С головешкой одинокою
Синий пламень, едкий чад.
Извиваясь, страшный гад
На кровать мою высокую
Устремляет долгий взгляд...
Поползли грядой широкою
Тени гаснущих лампад,
То угара ль сладкий яд,
Будто очи с поволокою
В сердце девичье глядят.
Над периною глубокою
Наклонился, дышит, рад.
По ногам моим скользят
Лапы лаской жестокою.
Белый полог весь измят,
Замираю: рай иль ад.
С головешкой одинокою
Синий пламень — едкий чад.

Аделаида Казимировна Герцык (1874—1925) была поэтом, прозаиком, переводчиком и критиком. Ее московская квартира стала в десятые годы своего рода литературно-философским салоном, в котором собирались Н.Бердяев, Л.Шестов, М.Цветаева, М.Волошин и другие философы и поэты, высоко ценившие ум, душевность и образованность Аделаиды Казимировны. Стихи Герцык впервые появились в альманахе «Цветник Ор.Кошница 1» (1907). Как и все ее творчество, они тесно связаны с религиозно-философскими исканиями, характерными для русской интеллигенции начала века. В ее поэзии преобладают мистические мотивы, поэтесса стремится вслушаться в тайны природы и передать скрытые в ней голоса. Герцык часто обращается к фольклорным жанрам, воспроизводит причитания и народные песни, и не случайно ряд ее стихотворений был положен на музыку. Символистская критика называла Аделаиду Казимировну сивиллой и пророчицей, указывала на связь ее поэзии с мифологическими пластами сознания. В последние годы жизни в стихах Герцык стали встречаться злободневные ноты, одновременно углубилась религиозная направленность ее творчества.

Публикуемые стихи взяты из сборника «Стихотворения», П., 1910.

Осень

Я знала, что я осенняя,
Что сердцу светлей, когда сад огнист,
И все безоглядней, все забвеннее
Слетает, сгорая, янтарный лист.
Уж осень своею игрою червонною
Давно позлатила печать мою,
Мне любы цветы — цветы опаленные
И таянье гор в голубом плену.
Блаженна страна, на смерть венчанная,
Согласное сердце дрожит как нить,
Бездонная высь и даль туманная, —
Как сладко не знать... как легко не быть.

***

Отчего эта ночь так тиха, так бела?
Я лежу, и вокруг тихо светится мгла,
За стеною снега пеленою лежат,
И творится неведомый белый обряд.
Если спросят: зачем ты не там на снегу?
Тише, тише, скажу — я здесь тишь стерегу.
Я не знаю того, что свершается там,
Но я слышу, что дверь отворяется в храм,
И в молчаньи священном у врат алтаря
Чья-то строгая жизнь пламенеет горя.
И я слышу, что Милость на землю сошла...
— Оттого эта ночь так тиха, так бела.

Зинаида Николаевна Гиппиус (1869—1945) — одна из самых значительных писательниц XX века. Из обрусевшей немецкой семьи (предки отца переселились в Россию в XVI в.); мать — родом из Сибири. Из-за частых переездов семьи (отец — юрист, занимал высокие должности) З.Гиппиус получила бессистемное домашнее образование, посещала учебные заведения урывками. С детских лет была занята в основном «писанием стихов и тайных дневников», увлекалась музыкой, живописью, а еще больше — верховой ездой. В 1889 г. вышла замуж за Д.Мережковского, с которым «не разлучаясь ни на один день» прожила 52 года. Вместе с мужем переехала в Петербург, и вскоре супруги Мережковские заняли очень заметное место в литературном мире. Гиппиус сотрудничает с журналами «Северный вестник», «Мир искусства», является фактически соредактором религиозно-философского издания «Новый путь». В 1904 г. выходит ее «Собрание стихов. 1889—1903», многие произведения, вошедшие в книгу, к тому времени уже получили скандальную известность: «Люблю я себя, как Бога», «Мне нужно то, чего нет на свете». Через шесть лет вышла вторая книга, включающая стихи 1902—1909 гг., объединенная с предыдущей постоянством тем и образов: противоречие между готовностью к христианскому смирению — и жажда самоутверждения; желание высказать «несказанные» движения души — и невозможность найти «здешние» слова для «стихов-молитв». Законодательница вкусов, острый и взыскательный критик (писала под псевдонимом Антон Крайний), плодовитый прозаик, утонченная поэтесса, хозяйка литературного салона, «декадентская мадонна», вдохновительница религиозно-философских собраний, «совопросница» А.Блока, преданный друг Мережковского и Философова, — без яркой и экстравагантной фигуры Зинаиды Гиппиус нельзя представить ни литературной жизни Петербурга рубежа веков, ни парижской жизни русской эмиграции 20—40-х.

Надпись на книге

Мне мило отвлеченное:
Им жизнь я создаю...
Я все уединенное,
Неявное люблю.

Я — раб моих таинственных,
Необычайных снов...
Но для речей единственных
Не знаю здешних слов...

1896

Электричество

Две нити вместе свиты,
Концы обнажены.
То «да» и «нет», — не слиты,
Не слиты — сплетены.
Их темное сплетенье

И тесно, и мертво.
Но ждет их воскресенье,
И ждут они его.
Концов концы коснутся —
Другие «да» и «нет»,
И «да» и «нет» проснутся,
Сплетенные сольются,
И смерть их будет — Свет.

1901

Стекло

В стране, где все необычайно,
Мы сплетены победой тайной.
Но в жизни нашей, не случайно,
Разъединяя нас, легло
Меж нами темное стекло.
Разбить стекла я не умею,
Молить о помощи не смею;
Приникнув к темному стеклу,
Смотрю в безрадужную мглу,
И страшен мне стеклянный холод...
Любовь, любовь! О дай мне молот,
Пусть ранят брызги, все равно,
Мы будем помнить лишь одно,
Что там, где все необычайно,
Не нашей волей, не случайно,
Мы сплетены последней тайной...
Услышит Бог. Кругом светло.
Он даст нам сил разбить стекло.

1904

Серое платьице

Девочка в сером платьице...
Косы как будто из ваты...
Девочка, девочка, чья ты?

Мамина... Или ничья.
Хочешь — буду твоя.

Девочка в сером платьице...

Веришь ли, девочка, ласке?
Милая, где твои глазки?
Вот они, глазки. Пустые,
У мамочки точно такие.

Девочка в сером платьице,

А чем это ты играешь?
Что от меня закрываешь?

Время ль играть мне, что ты?
Много спешной работы.

То у бусинок нить раскушу,
То первый росток подсушу,
Вырезаю из книг странички,
Ломаю крылья у птички...

Девочка в сером платьице,

Девочка с глазами пустыми,
Скажи мне, как твое имя?

А по-своему зовет меня всяк:
Хочешь эдак, а хочешь так.

Один зовет разделеньем,
А то враждою,
Зовут и сомненьем,
Или тоскою.

Иной зовет скукою,
Иной мукою...
А мама-Смерть — Разлукою,

Девочку в сером платьице...

СПб., январь 1913

71

Сейчас

Как скользки улицы отвратные,
        Какая стыдь!
Как в эти дни невероятные
        Позорно — жить!

Лежим, заплеваны и связаны,
        По всем углам.
Плевки матросские размазаны
        У нас по лбам.

Столпы, радетели, водители
        Давно в бегах.
И только вьются согласители
        В своих Це-ках.

Мы стали псами подзаборными,
        Не уползти!
Уж разобрал руками черными
        Викжель — пути...

СПб., 9 ноября 1917

Шел...

1

Белому и Блоку

По торцам оледенелым,
        В майский утренний мороз,
Шел, блестя хитоном белым,
        Опечаленный Христос.

Он смотрел вдоль улиц длинных,
        В стекла запертых дверей.
Он искал своих невинных
        Потерявшихся детей.

Все — потерянные дети, —
        Гневом Отчим дышат дни, —

Но вот эти, но вот эти,
  Эти двое — где они?

Кто сирот похитил малых,
  Кто их держит взаперти?
Я их знаю, Ты мне дал их,
  Если отнял — возврати...

Покрывало в ветре билось,
  Божьи волосы крутя...
Не хочу, чтоб заблудилось
  Неразумное дитя...

В покрывале ветер свищет,
  Гонит с севера мороз...

Никогда их не отыщет,
  Двух потерянных — Христос.

СПб., май 1918

Изабелла Аркадьевна Гриневская (1864—1944) родилась в Польше. Литературную деятельность начала переводами с французского, итальянского и польского. Современники знали И.Гриневскую как поэта, новеллиста и критика (статьи о русской литературе, о Гауптмане, заметки теоретико-литературного характера — «О рифме», «О ремарке» и проч.). Но наибольший успех сопутствовал ее драмам и комедиям — «Трудовой день», «Урок танцев», «Пьеса для разъезда», «Письмо», «Письмо из деревни», «Охота на медведя». Одноактные водевили и интермедии И.Гриневской шли на разных сценах — и на лучших столичных, и на маленьких провинциальных. Дебютировала пьесой «Первая гроза», опубликованной в 1895 г. и уже в следующем, 1896-м, поставленной в Александринском театре. Высшим взлетом славы стала драматическая поэма из восточной жизни «Баб», шедшая в 1904 г. на сцене Литературно-художественного общества; она неоднократно переиздавалась и была переведена на итальянский и армянский языки.

Стихотворение «Я умереть хочу, чтоб плакал ты...» печатается по книге: И.Гриневская. Стихотворения. С-Пб., 1904. С прелестным прямодушием в нем сформулирована основная причина попыток суицида молодых девушек. Второе произведение, «Памятник Александре Павловне», интересно соединением поэтического и драматургического таланта писательницы. Оно вошло в последний сборник И.Гриневской «Павловск», изданный в 1922 году «Павловским Обществом изучения, популяризации и художественной охраны Старого Петербурга и его окрестностей». Все произведения, составившие книжку, описывают ту или иную достопримечательность Павловска: архитектурные памятники И.Гриневская изображает как театральные декорации, а скульптуры «оживляет», заставляя их разыгрывать различные сюжеты.

***

Я умереть хочу, чтоб плакал ты,
Чтоб плакал, и цветы
В мой гроб немой бросал,
Чтобы голубкою меня ты называл,
Голубкою своей, как той порой,
Когда надежд и грез пугливый рой
Украсил ранний наш тернистый путь.
Я умереть хочу, навек уснуть,
Чтоб, мертвой мне даря в последний раз цветы,
Безумно плакал ты...

1904

Памятник Александре Павловне

(Изваян скульптором И.Мартосом)
Баллада-драма

Действующие лица:
Гений жизни.
Голос Ангела смерти.
Она (без слов).

Гений жизни (ей):   Я гений жизни. Перед нами
Лежит далекий, длинный путь
С надеждами, мечтами, снами...
Тебя люблю, моею будь!

Знай: наслаждений дивных чашу
Я принесу тебе, дитя!
Цветами путь наш я украшу,
Тебя лаская и любя!
     Прочь от меня уходишь все ты,
     И в высь уносится твой взгляд,
     Печали полон и заботы.
     Не уходи! Вернись назад!
Перед тобою на колени
Я встал, дитя. Молю, взгляни!..
Я здесь, я здесь, твой жизни Гений!
Мои мольбы не отжени!

(Что видит дева в небесах?
Глядит туда с тоской в очах:
То ангел смерти между туч,
Прекрасен, бледен и могуч,
А взор под веками горит...
И так он деве говорит:)

Ангел смерти: Я пришел за тобой.
Из тех стран я пришел, где нет говора бурь,
Где листва не шумит и где молкнет прибой,
Где без облак сверкает над бездной лазурь,
     Я пришел за тобой.

     Я пришел за тобой,
Чтоб навек твои слезы, навек осушить,
Смирить твою душу пред грозной судьбой.
Порвав твоей жизни последнюю нить —
     Я пришел за тобой.

     Я пришел за тобой,
Чтоб тебя унести от печали земли...
Чтоб тебя унести в тот простор голубой,
Где венки херувимы из роз нам сплели,
     Я пришел за тобой.

1922

Наталья Васильевна Грушко (1892—1974) дебютировала в печати сборником «Стихотворения» (П.,1912), привлекшим внимание критики, отмечавшей бурную чувственность, присущую стихам поэтессы. Стихи Грушко охотно печатали популярные журналы, такие как «Нива», «Аргус», «Солнце России», «Огонек». Ее пьеса «Слепая любовь» шла в 1914 г. на сцене Александринского театра в Петрограде. Второй сборник Грушко «Ева», включивший в себя стихи десятых и начала двадцатых годов, вышел в Петрограде в 1922 г.

В 1920 г. Грушко вступила в Петроградский Союз поэтов и была избрана председателем хозяйственной комиссии. Примерно с середины 1920-х она отошла от литературы.

Основная тема поэзии Грушко — психологические переживания эмансипированной женщины, ведущей богемный образ жизни, грешащей и кающейся в своих грехах, чтобы согрешить снова. Бравируя отсутствием предрассудков, поэтесса делает темой своих стихов искания искусственного рая посредством наркотиков — цикл «Гашиш» в сборнике «Ева». Критика рассматривала творчество Грушко в первую очередь как исповедь, человеческий документ, дающий важные материалы для изучения психологии современной «Евы». Стихотворение Грушко «Балерина» послужило основой для знаменитой песни А.Вертинского.

Публикуемые стихи взяты из сборника «Ева».

1914

Золотыми удавами блики
От курильниц скользят в сумрак ниш,
В пенно-белой прозрачной тунике
Я курю с моим другом гашиш.

Там, за окнами, город взволнован,
Говорят — в целом мире война...
Бледный друг мой уже околдован,
Я печальна и гневом пьяна.

Тонут жизни ненужные звуки
В древней сказке индийских ковров,
Кто-то взял мои тонкие руки —
Это больше, чем страсть и любовь.

И дрожа, словно стебель ириса,
И бледней, чем его лепестки,

Я ищу своего Озириса
В глубине моей вечной тоски.

19-е июля 1914

***

Анне Ахматовой

Как пустыня, ты мною печально любима,
Как пустыня, твоя беспощадна душа,
Ты стройна, словно струйка прозрачного дыма
   Гашиша.

Твои губы душистей смолы эвкалипта,
А улыбка на них — ядовитей змеи,
Улыбалася так лишь царевна Египта
   Ан-нэ-и.

Твои мысли нам, смертным, темны и неясны,
Их прочтут только в будущем — жрец или бог.
Я хочу умереть под стопою прекрасной
   Твоих ног.

1917

*Е*лена (Элеонора) Генриховна Гуро (1877—1913), единственная поэтесса в «мужском» движении кубофутуристов, не похожая ни на кого из современников, оставила яркий след в истории русского авангарда. Была дочерью полковника (позже — генерал-лейтенанта) Генриха Гельмута Гуро, секретаря штаба Петербургского военного округа и войск гвардии. Пенсии, которую Елена получала после его смерти, было достаточно для финансирования коллективных футуристических сборников и изданий собственных книг, а ее дом на Песочной стал в начале 1900-х годов своеобразной «штаб-квартирой» футуристов. Она была одаренной художницей и дебютировала как иллюстратор книг (позже оформляла и собственные сборники), участвовала в выставках авангарда. В 1980 г. поступила в школу «Общества поощрения художеств» (там встретилась с поэтом, композитором, художником М.Матюшиным, ставшим впоследствии ее мужем); в 1900-е годы училась у Л.Бакста и М.Добужинского.

Первая книга рассказов, стихов и пьес «Шарманка» вышла в 1909 г. — и осталась нераспроданной; Елена Гуро рассылала ее в библиотеки тюрем. Гуро смогли оценить сразу лишь самые искушенные и тонкие читатели — А.Ремизов, Вяч.Иванов, А.Блок, В.Хлебников, В.Малахиева-Мирович, а любовь и слава пришли к ней посмертно, когда друзья поэтессы издали коллективный сборник «Трое» (Е.Гуро, А.Крученых, В.Хлебников, с иллюстрациями К.Малевича и предисловием М.Матюшина — он был задуман еще при жизни Гуро) и самую замечательную ее книжку «Небесные верблюжата» (начало 1914 г.). Эти книги, и еще четвертую — «Осенний сон» (пьеса с рисунками Е.Гуро и нотами скрипичной сюиты М.Матюшина, их совместное прощальное издание за год до смерти Елены), Михаил Матюшин положил в сундучок-скамейку у могилы поэтессы: для читателей и почитателей, которых с каждым годом становилось все больше.

«Нежный и застенчивый» язык лирических фрагментов удивительно совпадает с эскизным характером графики Елены Гуро, а все ее творчество — и литературное, и художественное — неразрывно сливается с образом хрупкой болезненной женщины, похожей на раненую птицу, неведомо откуда залетевшую в холодный северный город, и недолго певшую на своем — детском ли, птичьем ли языке.

Слова любви и тепла

У кота от лени и тепла разошлись ушки.
Разъехались бархатные ушки.
· А кот раски... — ис...
    на болоте качались беловатики.
Жил был
   Ботик-животик
Воркотик
   Дуратик
Котик пушатик,
   Пушончик,
Беловатик,
   Кошуратик —
Потасик...

***

А теплыми словами потому касаюсь жизни, что как же
иначе касаться раненого?
Мне кажется всем существам так холодно, так холодно.
Видите ли, у меня нет детей, — вот, может, почему я так
нестерпимо люблю все живое.
Мне иногда кажется, что я мать всему.

Скука

В черноте горячей листвы
бумажные шкалики.
В шарманке вертятся, гудят,
ревут валики.
Ярким огнем
горит рампа.
Над забытым столиком,
В саду, фонарь или лампа.
Pierette шевелит
свой веер черный.
Конфетти шуршит
в аллейке сорной.
— Ах, маэстро, паяц,
Вы безумны — фатально.
Отчего на меня,
на — меня?
Вы смотрите идеально?..
Отчего Вы теперь опять
покраснели,
что-то хотели сказать,
и не сумели?
Или Вам за меня,
за — меня? — Обидно?
Или, просто Вам
со мною стыдно?
Но глядит он мимо нея:
Он влюблен в фонарик...
в кусте бузины,
горящий шарик.
Слышит — кто-то бежит,

слышит — топот ножек:
марьонетки пляшут в жару,
танец сороконожек.
С фонарем венчается там
черная ночь лета.
Взвилась, свистя и сопя,
красная ракета.
— Ах, фонарик оранжевый, — приди!
Плачет глупый Пьеро.
В разноцветных зайчиках горит
его лицо.

1909

Ёлена Яковлевна Данько (1897—1942) родилась в Саратове, раннее детство провела в Вильно, в Киеве закончила гимназию. В семнадцатилетнем возрасте приехала в Москву учиться живописи, но вскоре ей пришлось бросить занятия и искать заработка (работала делопроизводителем, секретарем в Наркомпросе). В 1917—18 гг. участвует в литературных чтениях и диспутах, слушает лекции Андрея Белого, пробует писать об изобразительном искусстве. В конце 1918 г. по предложению сестры переезжает в Петроград. (Сестра — Наталья Данько — скульптор-декоратор, автор известной фарфоровой статуэтки А.Ахматовой; в дальнейшем Елена Данько часто расписывала скульптурные композиции своей сестры.) В Петрограде Елена Данько напряженно работала художником на фарфоровом заводе, в Кукольном театре (водила кукол и писала исценировки сказок), училась живописи, рисунку, офорту. Стихи, написанные в эти годы, нигде не печатала. В 1924 г. была уволена с фарфорового завода по сокращению штатов и начала профессионально заниматься детской литературой. В 1925—30-е гг. появляются ее книжки для детей «Фарфоровая чашечка», «Ваза богдыхана», «Иоанн Гутенберг», «Шахматы», повесть «Деревянные актеры» и др. В середине двадцатых годов сблизилась с ленинградскими поэтами-неоклассиками (работала в это время секретарем Секции детской литературы); особенно значимой для ее биографии оказалась дружба с Ф.Сологубом. Оставила исключительно интересные, хотя и пристрастные воспоминания о последних годах жизни писателя. Ф.Сологуб ценил стихи Е.Данько и испытывал симпатию к самой поэтессе, несмотря на ее «колючий», даже «ведьмистый» (по определению С.Маршака) характер. Стихи

1920—1922 гг. были собраны в книгу «Простые муки», не вышедшую из-за цензурного запрета (он касался, главным образом, предисловия Р.В.Иванова-Разумника).

Стихи печатаются по публикации М.Павловой в альманахе «Лица», М.; СПб.,1992.

***

Татарчонок в шапке косматой...
(Вот один — а ехали пять).
На рукав цветные заплаты
Перед смертью нашила мать.

«Не подох. Посильней немного».
Углубился на скулах круг.
А из глаз поглядела строго
Безнадежная мудрость мук.

Ах, какого неба алмазы
Окупили скорби земле б?
Ты куда глядишь, темноглазый,
Аль докучен мой черный хлеб?

Да не слышит, замолк, не оглянется,
Да не солнце рвет облака, —
— Вот к фарфоровой кукле тянется,
Дотянулась жадно рука.

Чтоб ласкать, да трепетно гладить,
Наглядеться на белую вещь.
И никак ему не наладить
И улыбку, и вздох, и речь.

Это светлая мудрость Господня
Так чудесно меняет взор.
Небывалой любви сегодня
Удостоился мой фарфор!

Февраль 1922

***

Напряженно боится ухо —
Вот опять донесется глухо —
    Залп чрез стены.
Громче грома — хоть слышен едва,
Каждой ночью — всегда ровно в два —
    Залп неизменный.
Не помнить, не слышать,
    Душа б улетела,
        Тише,
Не бойся, лежи, не дыши —
За домом опять латыши
    Взяли к прицелу.
Залпом отмечены два часа,
Кровенеют зарей небеса,
Кровавая всходит роса,
Проступает на мертвом теле...
Кому мне боль прорыдать,
Кому «не надо» кричать,
    О, Боже, Тебе ли?

1918

***

Облака несутся дождевые,
Резкий ветер поднимает пыль,
И священник приступил к литии,
Рваную надев епитрахиль.

И над гробом, как дыханье Божье,
Благодатны ладан и мольба,
«Батюшка, ты слышал ли, в Поволжье
Солнцем выжжены хлеба?

Беспощаден, безысходен зной,
Ни одной травинки не растет...
Ты о всех, кто в августе умрет,
Не успеешь спеть за упокой».

Июнь 1921

Кукольный театр

Здесь, меж картонными домами,
Когда фонарики зажгут,
Моими легкими стихами
Марионетки речь ведут.

Мир заколдованной минутой
Не страшен — кроткий и смешной —
Лишь сердце — ниток не запутай,
Тебе назначенных судьбой.

Не скучный жребий, не тяжелый,
Не перечислить всех затей.
Ах, революций шум веселый!
Ах, легкость кукольных страстей!

И ты, — творец иль разрушитель,
Свое усердие удвой.
И не гадай, кто тихий Зритель,
Следящий за твоей игрой.

1921

Федор Сологуб
«Заклинательница змей»

Носила я фартук холщовый,
Платком покрывала косы,
И ноги в тот год суровый
Нередко бывали босы.

Вставала с гудком фабричным,
И шла над рекой к заводу,
За милым трудом привычным
Легко забывать невзгоду.

Тогда я книгу читала,
А в ней рассказывал кто-то,
Как девушка чашки писала
И любила свою работу.

Мне стало сладко и больно,
Свой долгий день вспоминая,
Заплакала я невольно,
Откуда он это знает.

Теперь же, встретив поэта,
О том не спрошу с тоскою, —
Он знает не только это —
Он знает сердце людское.

1 января 1926

Софья Семеновна Дубнова (по мужу Эрлих; 1885—1986) была дочерью известного историка еврейского народа Соломона Дубнова. Родилась в гор. Мстиславле Могилевской губернии (один из ее ранних псевдонимов — Мстиславская), с пятилетнего возраста жила в Одессе. В 1902 г. после окончания гимназии уехала в Петербург на Высшие женские курсы. В 1903 г. вступила в РСДРП и была отчислена с курсов за участие в студенческих беспорядках. После выделения из партии Бунда стала активным членом этой революционной еврейской организации, и первая публикация ее состоялась в журнале Бунда «Будущность» (тираж номера уничтожен цензурой). Стихотворения, составившие поэтические сборники Софьи Дубновой — «Осенняя свирель» (Пб., 1911) и «Мать» (М.,1918), печатались во многих изданиях — от «Аполлона» до «Сатирикона». Ощутимо зависимые по форме от поэтики А.Блока, по смыслу своему они совершенно отличны. Главная тема ее творчества — женская душа, единственная героиня — женщина (девушка, возлюбленная, мать). Название одного из характерных циклов — «Лики женщин»; заглавия стихов — «Белые девы», «Девушки», «Девственницы», «Две сестры» и проч. Современники услышали и оценили сильный глубокий голос поэтессы — и силу, и глубину дало ему чувство осознанной женственности.

В годы Первой мировой войны С.Дубнова сотрудничает в «Летописи» А.Горького, переводит с иврита стихи и прозу Х.Бялика. С 1918 г. и до начала Второй мировой войны живет в Польше, активно занимается литературно-критической и просветительской работой. В сентябре 1939 г., спасаясь от Гитлера, С.Дубнова с мужем Г.Эрлихом (лидером еврейской социалистической партии «Бунд») устремились на Восток. Генрих Эрлих был арестован советскими властями в Брест-Литовске; отпущен на свободу осенью 1941 и вскоре вторично арестован. В мае 1942 г. Г.Эрлих покончил с собой в куйбышевской тюрьме. С.Дубнова с двумя сыновьями оказалась в советской Литве. Им удалось покинуть Литву и избежать ареста; через Россию, Японию и Канаду в октябре 1942 г. добраться до США. В Нью-Йорке ею была написана книга об отце («Жизнь и творчество С.М.Дубнова», 1951), издан сборник избранной поэзии («Стихи разных лет», 1970), в течение многих лет она работала над мемуарами. Неизвестное до недавнего времени позднее творчество С.Дубновой сегодня возвращается к российскому читателю: недавно были издана книга ее стихов и воспоминаний «Хлеб и маца» (СПб., 1994).

За уточнение биографических сведений о С.Дубновой-Эрлих выражаем признательность ее младшему сыну, Виктору Эрлиху, и приносим извинения за досадные ошибки, допущенные в первом издании книги.

Земля

Порывы солнечного пыла
Покорно в недра приняла,
И всех сестер благословила
И на служенье обрекла.

Зашелестела влажным мраком,
Срывая таинства весны,
И вновь тела подобны злакам,
И вновь луга опьянены.

Повсюду стелет город плен узорный —
Повсюду тверд ее закон:
Уста зацветшие покорны,
И нежно строги очи жен.

И перст таинственной десницы
Немых касается дверей,
Взывая к жертве вереницы
Любовниц, дев и матерей.

А в сизом сумраке раздолий,
Звеня поблекшею травой,
Над женской долей, грустной долей,
Горюет ветер луговой.

<*1911*>

***

И тиха была, и была светла,
И не знала, зачем и куда пришла,
И этой жизнью совсем не жила.

Вспоминала былое, обрывки снов,
Отдаленный звук знакомых шагов,
Отмерцавший взор в тиши вечеров.

И думала много, но то был сон.
И чуда ждала, но стерег дракон.
И миги бежали в окно времен.

И в час ее смерти упала звезда,
Зароились сны над раздумьем пруда,
И ушла, не знала — зачем и куда...

<1911>

***

Кормлю ребенка на крыльце,
Когда закат румянит пашни.
День нынешний — как день вчерашний,
Все в том же ласковом кольце.

Грудь тяжела от молока,
Упрямый рот соски мне ранит...
Как даль, почившая в тумане,
Душа тиха и широка.

Душа светла. Обет свершен.
Зерно взрастало и созрело.
От боли извивалось тело,
Но светел божеский закон.

Над сыном мыслю об отце...
Мой верный друг, мой друг всегдашний,
Придешь ли ты? — Темнеют пашни
И сын наш дремлет на крыльце.

<1918>

Татьяна Петровна Ефименко (1888—1918), дочь Александры Яковлевны Ефименко, историка и этнографа, автора работ о роли женщины в крестьянской семье. Татьяна с детства писала стихи и прозу. В 1910-е гг. ее произведения охотно печатали такие различные журналы, как «Русская мысль» и «Нива», «Вестник Европы» и «Родник», «Русское богатство» и «Всходы». Вышедший в 1916 г. сборник стихов Ефименко «Жадное сердце» привлек внимание критики редкими для представительниц Серебряного века темами — воспеванием тепла домашнего очага, крестьянского хозяйства, простой, не знающей противоречий любви. Проникнутые пантеистическим мировоззрением пасторали Ефименко преображают рефлексирующего горожанина XX века в мирного поселянина времен Гесиода, растворяющегося в окружающих предметах и природе.

Развиться незаурядному таланту Ефименко не удалось. Во время Гражданской войны поэтесса была зверски убита бандитами.

Публикуемые стихи взяты из сборника «Жадное сердце».

***

Я хлеб и мед носила Пану в лес,
Плела венки домашним нашим ларам,
И коз пасла, пока лазурь небес
Не крылась пеплом серым за пожаром.

Но те часы беспечные прошли,
И в круг забот ввела меня Венера:
Я тку холсты и мою на мели,
Знакомы мне в хозяйстве вес и мера.

Зажжен очаг... Мой друг берет свирель.
За трудным днем минуты ласк ленивы,
Но наш союз скрепляет колыбель,
Сплетенная из веток гибкой ивы.

***

Как нежность ваших слов — острей и глубже зла —
        Меня затрагивает больно.
Мы вечер проведем у общего стола,
        И этого уже довольно.

К чему иллюзией минутною дразнить
   Насторожившуюся душу.
Я не порву меня опутавшую нить
   И свой покой я не нарушу.

Часы прилежные размеренного дня
   Благоразумию — награда.
Так жизнь течет моя и так влечет меня
   Туда, где выбора не надо.

Так свой сама себе я выбрала удел
   Давно, всегда желанный тайно.
И если взгляд мой Вас и Ваше проглядел,
   То ведь и это не случайно.

Мария Закревская-Рейх сочиняла совершенно рукодельные «женские», даже «дамские» стихи о любви и природе, более многословно и менее удачно писала о тяжелом положении женщины (гувернантки, модистки, телеграфистки, — примерно этого социального слоя), и периодически собирала свои произведения в объемистые книжки с обворожительно-красивыми названиями: «Сон жизни» (С-Пб.,1907 — в двух томах!), «Крылья любви» (1909), «Чары весны» (тогда же). Видимо, к своему таланту она относилась с должным уважением, поскольку посылала сборники в Литературный комитет Академии наук, претендуя на получение если не Пушкинской премии, то хотя бы похвального отзыва. Справедливости ради надо сказать, что комиссия Академии, которую возглавлял великий князь Константин Константинович Романов, известный как поэт К.Р., порой благосклонно отмечала сочинения формально ничуть не лучше. Впрочем, и у госпожи Закревской-Рейх высочайшего рецензента возмутили не столько технические огрехи, сколько «неприличное» содержание, — вполне невинное на наш современный взгляд. В критическом разборе говорится: «...у ней есть особенная склонность облекать в стихотворную форму прозаическое содержание», «автор упоминает проституцию, описывает дома терпимости и особенно охотно повествует о самоубийствах и "кровавых событиях"». Достается и стихотворению на библейский сюжет «Царь Давид» (К.Р. дебютировал как поэт сочинением на ту же тему, поэтому анализ его особенно пристрастен). Ужасает рецензента строка «прекрасный, как греза, еврей», — действительно, смешная, но Константин Константинович не всегда умел скрывать свой антисемитизм. Единственную похвалу вызвали «Васильки», — и в этом нельзя не присоединиться к мнению августейшего критика. Такой степени наивности и милого простодушия не удалось достичь ни одной из 100 поэтесс, соседствующих с Марией Закревской-Рейх.

Васильки

По узкой меже, испещренной цветами,
Иду: что ни шаг васильки, васильки!
И что ни шагну, под моими ногами
Ломаются нежных цветов стебельки!

Бедняжки! Другой я дороги не знаю,
А солнце заходит — мне надо спешить,
И, как осторожно, легко ни ступаю,
Но волей-неволей должна вас губить.

Иду я, и следом печальным за мною
Ложатся головки прелестных цветов,
Раздавленных, смятых моею ногою,
И надо идти мне и... жаль васильков!

1909

Вера Клавдиевна Звягинцева (1899—1972) родилась в Москве. Детство провела в Тульской, Курской и Саратовской губерниях. Училась в гимназии города Пензы. Вернувшись в 1912 г. в Москву, занималась в театральной школе, по окончании которой работала на сцене. Юношеские стихи Звягинцевой с 1911 г. печатались в журнале «Музыка». Некоторые из них были переложены на музыку композитором В.И.Ребиковым. В 1922 г. вышел первый сборник стихов Звягинцевой «На мосту». Следующий поэтический сборник «Московский ветер» был выпущен в 1926 г. в кооперативном издательстве «Узел», в создании которого Звягинцева вместе с С.Парнок и С.Федорченко принимала активное участие. С 1922 г. Звягинцева была членом «Союза писателей» и «Никитинских субботников». В дальнейшем она занималась переводческой работой, продолжала писать стихи.

Поэтическое творчество Звягинцевой отмечено влиянием Ахматовой и Блока. Ее стихам свойственны легкость и непосредственность.

Обращаясь к таким традиционным женским темам, как неразделенная любовь и разлука с любимым, Звягинцева всегда сохраняет чувство меры, избегая в выражении эмоций как надрыва, так и академической холодности.

Публикуемые стихи взяты из журнала «Музыка», 1912, № 109, и сборника «На мосту», М.,1922.

Балкон осенью
(К картине В.Борисова-Мусатова)

Кто-то дверь незакрытой оставил,
И задержанный, жалобный стон
Неоплаканной, тихой печали
Замер глухо у старых колонн.

Забывают застывшие клены
Все, что знали в июньские дни —
Шепот страсти на томном балконе,
На балконе, в мерцанье луны.

Вспоминают застывшие клены
Все забытое в знойные дни, —
Прошлой осенью тихие стоны
Неразрывной осенней любви.

И, не выдав тревожной печали,
Тихо падают листья с перил...
Кто-то дверь незакрытой оставил,
Кто-то сердце здесь с осенью слил.

***

Не пастушка и не Психея,
Просто женщина в старой тоске,
Сердце на солнце грея,
Что-то пишет на белом листке.

И, бумагу свернув свирелью,
Милому другу поет,
Как страшно под злой метелью
Застывает кровь в красный лед.

И о том еще, и об этом
И о всех пролетевших днях,
Можно звать и не звать поэтом
Ту, которая плачет в стихах.

Засыпает день... Засыпает...
Холодная скоро постель.
Пусть же поет, как знает,
Бумажная моя свирель.

Психея

Остановилась у чужого дома;
Кусты шиповников склонились у колен.
И дом, и сад — все чуждо и знакомо.
Как долгий сон — скитанья вечный плен.

Не отзываются чужие за стенами,
Бледна на лютне тонкая рука.
А за цветущими шиповника кустами
Дорога пыльная темна и далека.

Ольга Максимовна Зив (настоящая фамилия Вихман; 1904—1963) родилась в Петербурге в семье инженера. Литературное образование получила уже после революции: была одной из учениц Н.Гумилева в Доме Искусств и, как говорится в КЛЭ, «занималась в 1920—24 гг. в литературной студии при Наркомпросе». В 1924 г. становится газетной сотрудницей, печатает в периодике статьи, рассказы, очерки. В 1930-х годах стала сочинять для детей. В войну вступила в партию, после войны написала «очень производственный» роман «Горячий час» (встреченный критикой без восторга). Место в официальной литературе занимала довольно заметное, но талантом обладала скромным. И тем не менее ее имя часто встречается в мемуарах. Оленьку Зив (так называет ее Зощенко в гуртовой автобиографии «Серапионовых братьев») знали все — сначала в петроградских и ленинградских, затем в московских литературных кругах. Она запомнилась не дарованием, а очарованием молодости. Сначала красавица Ольга Зив была «около» «Звучащей раковины», затем вместе с тогдашним своим мужем, Орестом Тизенгаузеном, «около» кружка

М.Кузмина и печаталась в альманахе «Абраксас». Позже переехала в Москву, подурнела и растолстела, оставила стихи и переключилась на прозу. И все-таки Ольга Зив достойна того, чтобы остаться в литературе не только спутницей поэтов, но как автор нескольких незатейливых, но чистых стихотворений, опубликованных в начале жизни в сборниках «Звучащая раковина» (Пг.,1921) и «Абраксас» (Пг.,1922).

***

Нынче ветер холодный с моря,
Серебрится Нева как сталь,
Мы расстались с тобой не споря,
И на сердце одна печаль.

Словно пьяная, тихо бреду я,
Жадно бьется Нева о гранит,
Ветер в самое сердце дует
И любовь мою леденит.

А вчера был такой же ветер,
Но нам было с тобой по пути.
Не умею я жить на свете,
Не умею одна идти.

1921

***

Летом — раскаленные пески и зной,
Зимой — необозримое мерзлое поле.
Неужели нет конца этой терпкой боли,
Неужели это мой единственный путь земной?

Не моим усталым рукам донести
Одиночества огненную, смертную муку.
Неужели никто не протянет мне руку,
Не согреет сердца, замерзшего в пути?

1922

***

Ни ласки, ни нежности твоей не искуплю
Годами самого страшного, беспросветного горя.
Слез моих соленых необозримое море
Отдам за твое тихое «люблю»...

А когда передо мной расстелется белая скатерть —
Последняя, непреложная моя дорога,
Я вспомню, как нежности твоей было много
И за горькое горе возблагодарю Божью Матерь.

1922

Лидия Дмитриевна Зиновьева-Аннибал (1866—1907) происходила из старинного рода, восходящего по женской линии к предку Пушкина Ганнибалу. Лидия получила домашнее образование. Была женой поэта и теоретика символизма Вяч.Иванова, хозяйкой и душой знаменитых «сред», проходивших в 1905—1907 гг. в петербургской квартире супругов, «Башне», где собирался весь цвет столичной интеллигенции. Лидия была единственной женщиной, допускавшейся на устраиваемые Вяч.Ивановым для интимного круга духовных единомышленников «Вечера Гафиза», где ей было присвоено имя героини «Пира» Платона — Диотимы. В 1906 г. Зиновьева-Аннибал проводила на «Башне» специальные женские собрания, на которых бывали Л.Д.Блок, М.В.Сабашникова и Н.Г.Чулкова, велись беседы о литературе и искусстве. Осенью 1907 г. Лидия ухаживала в деревне за больными скарлатиной бабами, заболела сама и вскоре скончалась.

Творчество Зиновьевой-Аннибал пронизано духом дионисийства и жизнестроения. Известная более как прозаик, в частности, автор первой в русской литературе лесбийской повести «Тридцать три урода», подвергшейся цензурному преследованию, и драматург — ей принадлежит драма «Кольца», в которой показана возможность нового, свободного от эгоистического начала, отношения к любви, — она выступала и со стихами. В стихотворной форме написана пьеса «Певучий осел», своеобразный перефраз «Сна в летнюю ночь» Шекспира, лишь частично опубликованная в 1906 г. в альманахе «Цветник Ор. Кошница первая.» Стихи Зиновьевой-Аннибал печатались в символистских изданиях.

Публикуемые стихи взяты из сборника «Корабли». Сборник стихов и прозы. М.,1907.

Осеннее

1

Осенняя земля,
сырая и отцветшая,
выдыхает, не жалея,
последние соки,
ненужные.
Осенняя земля,
черная и покинутая,
к небу бледному
поднимает
свой пахучий дух,
торопящий,
и в прозрачном просторе
остра ее последняя
сладость.
Навстречу ей
высокое солнце
лучи льет,
бескорыстные,
бледные, тихие,
не теплые.
И в прозрачном просторе
разлился его свет
не скупой, не шумный,
ненужный.
Так ты сердце,
осеннее сердце, еще кадишь дымами
развеянными,
пьяными, ненужными,
предзимними.
И легко и молчаливо
тебе сияет
высокое солнце,
бескорыстное солнце.

2

Дожди размыли ее одежду,
дожди разрыли черное тело.

И стало тело ее нагое
больное сочащееся,
бесстыдное тело
осеннее.
Ну, изливало тело
фиалы благовоний
перед зимою — обещания
перед зимою последней любви,
безответной любви
осенния.
Дышит сердце мое
холодный дух
благовонный
дух земляной,
и с пустой высоты
синей
лучи остылые
к нам прикоснулись
сладострастием.

Александра Ивановна Ильина (1890—1964) родилась в городке Данково Рязанской губернии в семье плотника. В автобиографии поэтесса охотно и подробно рассказывает о своем детстве («чудеснее его я потом ничего в жизни не встречала»), скупо и сухо перечисляя основные события «взрослой» жизни («детство было долгое, а жизнь оказалась коротка»). Лучшие, пронзительно-чистые стихотворения А.Ильиной связаны всегда с самыми ранними впечатлениями. А.Ильина посещала городское училище, в 1909 г. закончила Епархиальную школу и учительствовала в селах. Сначала в селе Степанове Бузулукского уезда, потом, забрав младшую сестру, перебралась на окраину Российской империи, в Киргизские степи, где на строительстве железной дороги работал брат Николай. В 1910 г. — опять переезд, в Самарскую губернию. Молодая учительница страдала от скудости собственных знаний, мечтала о настоящем образовании и в 1914 г., едва дождавшись, когда сестра закончит гимназию и сможет заменить ее, уехала в Москву. Поступила на историко-филологический факультет Высших женских курсов. Втянулась в полулегальную работу марксистских кружков, была секретарем организации «Студенческий дом» и первое стихотворение напечатала в начале 1917 г. в газете «Социал-демократ». В 1923 г. получила вторую специальность, окончив 1-й Московский университет по этнолого-лингвистическому отделению. В перерыве между учебой в 1918 г. вышла замуж за писателя Барсега Сеферянца и с тех пор подписывала стихи двойной фамилией или фамилией мужа. «Писать начала рано, лет с 15. Но серьезно никогда на свое творчество не смотрела — работа не оставляла досуга — писать приходилось между делом». Сборник А.Ильиной «Земляная литургия» (1921) привлек исключительное внимание критики, единодушно хвалившей и талант, и пафос поэтессы. Яростное, язычески-радостное приятие жизни, соединяющееся с готовностью самопожертвования, на какой-то момент совпали с самоощущением молодой советской литературы.

Земляная жажда

Ладонями жадных рук
На весенней пашне
Я ласкаю набухшие борозды,
А сердце,
Орленок вчерашний,
Клюет овсяные звезды.

Мне начертан извечный круг
В адамантовых солнца дверях:
Жадно пить земляное вино,
Бросить песен моих якоря
На зовущее звездное дно.

Пусть исполнится мира срок, —
Уст моих не отрину от чаши...
Не приму воскресенья даже,
Если больше не будет земли!

Пусть сгорю в час вселенской кончины,
Но сгорю на земном корабле!..

11 июля 1921

Революция

Моим песням осыпаться в завязи,
Моим песням не вызреть в садах:
На ревущих просторах Евразии
Рыжий конь о семи крылах.

Хвост — зари огненосицы знамя,
Космы гривы на млечном пути.
Мои песни на сучьях завянут:
Никуда от Коня не уйти.

Разве можно упиться звучалями,
Когда Конь топотит в миру?
Я разбила свои скрижали
И за звоном копыт иду.

Звездный прах из-под ног вырывается,
Лунный повод влечется чрез дни.
Моим песням осыпаться в завязи,
Моим песням заращивать пни...

7 июля 1921

Обречение

Я меж людей теленок мягкогубый
С глазами, пьющими весну...
В преддверии какого чуда
Мне кто-то вечности плеснул?

Я ласку вытерла с людских ладоней,
Неверный шаг забросила в луга.
А синь в глазах озерного бездонней —
И в ней качаются другие берега.

Там на межах перегрызают горло,
Рвут сухожилия, как струны арф.
Я занозила душу смертным взором
И не склонюсь к причастью трав.

Кровь, в сгустках кровь... Стою недвижно:
Не мной рассыпаны те маки у подножья.
Но сердцем знающим вдали провижу
    Жертвенник и нож...

28 октября 1921

Прежде

Когда я была маленькая,
Я была много богаче:
У меня на завалинке
Были кошка, корзинка и мячик.
У меня был медведь из дерева,
Глаза у него янтарные.
В саду у нас пахло клевером,
А во дворе от колес дегтярным.
Когда сумерки липли к ясеням,
В закуте чмокала рыжая корова.
За голубыми балясинами
Ангелы зажигали свечи для Бога.
Под горой лягушки в мать-мачехе
Сверлили серь ивняка за кладбищем,
Черными куделями гнезда грачьи
Качались в вечернем пожарище.
По ночам я летала над лесом, —
У меня были белые крылья.
Но однажды зацепилась за месяц
И развеяла их ожерельем.
Я ходила в гречневое поле
Повидаться с медовым Христом.
Тайна в малиновых зорях,
Тайна за каждым кустом.
Со мною теперь нет кошки,
Я Христа потеряла в дороге.
Мне б хотелось еще немножко
Отдохнуть на родимом пороге.

25 июля 1921

Bера Васильевна Ильина (1894—1966) родилась в Петербурге в семье фельдшера. Окончила гимназию и филологический факультет московских Высших женских курсов. Впервые напечатала стихи в 1914 г. в журнале «Млечный путь». Как писатель сформировалась к началу 20-х гг. под мощным воздействием поэтики Бориса Пастернака. (В одном из многих стихотворений, посвященных Пастернаку, В. Ильина восклицает: «Вся жизнь, как подгнивший орех, Раскололась об эти стихи».) Уйдя от прямого подражания, Вера Ильина сохранила внутреннее родство с Пастернаком в мучительно-напряженных попытках понять и принять современность, в пристальном взгляде на мир души через мир «тварный», вещный. Самые интимные и камерные ее стихотворения могут быть прочитаны сегодня как свидетельства обвинения времени и истории, жестоко искалечивших хрупкую женскую судьбу.

Почувствовав опасность, социалистическая критика пыталась намеренно сузить диапазон звучания лирики В.Ильиной: «Поэзия тематически не выходит из сферы личных переживаний», — писала Литературная энциклопедия в 1931 году. Сборник «Крылатый приемыш» оказался и первым, и последним. В 1937 г. был арестован ее муж, Сергей Буданцев, и в 1938 г. расстрелян. (В январе 1937 года он открыто выступил на собрании писателей в защиту Б.Пастернака: «Пастернак стал выразителем мнения всех честных писателей. Конечно, он будет мучеником — такова участь честных людей».) Вера Ильина ушла в самую безопасную область официальной литературы — поэзию и прозу для самых маленьких читателей.

В справочнике 1965 года Вера Ильина уже названа «автором текстов многих детских песенок».

***

(Из цикла «Берег»)

Идти на Смоленский, где за пять полен
лохмотья комфорта выносят на площадь,
где, блага последние пряча в поле,
пустые желудки наживой полощут.

Москву по клочкам разнесли на торги.
Чего им жалеть? И о чем вспоминать им?
Вся участь — побольше аршинов и гирь,
Вся радость надежды в подержанном платье.

Любовь рассучили волокнами льна.
Им стыд не страшней огородных трещоток.
И только лишь я, этим бредом больна,
свести не решусь запоздалые счеты.

А жизнь, как вершки и аршины в куске,
кому-то дарилась, рвалась, продавалась,
ушла на заботу, пришлась по тоске.
И где ж из остатков выгадывать радость!

Умри, моя муза. В гнилой листопад
мне все изменило: и дружба, и счастье.
Последняя осень! Иди, выступай,
ведь строчки, и те уже кровью сочатся.

Он горек, — так горек твой ранний приход.
Но знаю: все дни перелистаны мною,
и я, даже памятью этих стихов,
измены с любимого сердца не смою.

1921

***

Из цикла «Горе»

В шуме соснового бора заглох
плач твой серебряный, мальчик мой милый.
Тяжко нести трудовое тягло,
ношу сиротства до черной могилы.

Только во сне, или в горьком бреду
к груди пустой приникает тревожно
сморщенный ротик. А мысли бредут
с ветром осенним, за пылью дорожной.

В тину теней, где, под палым листом,
вырос, проклятьем чужого обидчика,
холм еле видный, и в гробе простом
дремлет прекрасное, мертвое личико.

1921

Железная печь

Это он для нас с тобой отмерил
как в приюте для старух,
два угла. О, будь хоть ты мне верен,
мой железный, черный друг.

В щели окон вытянет, как вьюшку,
страсть мою, твое тепло.
Не смочить, не затопить подушку,
сколько б слез ни утекло.

Кто солжет: кусок горячий неба
в синеве ресниц густых?
Или ты, проверенная небыль
с горьким чадом бересты?

1921

***

Так это старость, это осень?
Твой суд — он верно справедлив.
Как мелкий щебень смял и бросил
меня любви твоей отлив.

Опять к неведомым пределам
тебя взманил урочный путь, —
через растоптанное тело
легко, — не в первый раз, — шагнуть.

В улыбках новых зреет пышно
коричневое лето глаз.
А я в натруженное дышло
до дня последнего впряглась.

Но все, в какой бы край счастливый
твой жадный след ни убегал,
я знаю — море в час прилива
к родным приходит берегам.

1923

Вера Михайловна Инбер (1890—1972) родилась в Одессе в семье владельца научного издательства «Математика». Училась на одесских высших женских курсах. С 1910 начала печатать стихи в местных газетах. В 1910—1914 Инбер жила в Париже, где за свой счет издала первый сборник стихов «Печальное вино» (1914). Следующий сборник «Горькая услада» вышел в 1917 г. в Петрограде. В 1922 Инбер переехала в Москву, где вышел ее третий сборник «Бренные слова» (1922). В начале двадцатых годов она примкнула к «Литературному центру конструктивистов», влиянием этого направления отмечены ее поэтические книги «Цель и путь» (М.,1924) и «Сыну, которого нет» (М.,1927). В дальнейшем выступала в печати с очерками, поэмами, стихами.

Раннюю поэзию Инбер отличает обилие литературных реминисценций, изящество стиля, ироничность. В стихах двадцатых годов преобладает обращение к балладной форме, отказ от изысканной образной структуры, выразившийся в упрощении синтаксиса. Публикуемые стихи взяты из сборников: «Горькая услада» и «Цель и путь».

***

Жене З.

Как пальцы от свежих грецких орехов,
Порыжели сосен края.
Я все думаю о том, что Чехов
Был болен тем же, чем я.

Три воробья в разговоре длинном
Обсуждают весенний указ.
Я опять читаю «Дом с мезонином»
Уж не помню в который раз.

Растаяла снежная баба-толстуха,
Даже след ее замели.
Копают грядку, и падают глухо
Комья нагретой земли.

Закрываясь книгой от яркого света,
Слабея от теплоты,
Я спрашиваю так, словно жду ответа:
— Мисюсь, где ты?

1916

***

При свете лампы — зеленом свете
Обычно на исходе дня,
В шестиколонном кабинете
Вы принимаете меня.

Затянут под сукном червонным,
И, точно пушки на скале,
Четыре грозных телефона
Блестят на письменном столе.

Налево окна, а направо,
В междуколонной пустоте,
Висят соседние державы,
Распластанные на холсте.

И величавей, чем другие,
В кольце своих морей и гор,
Висит Советская Россия
Величиной с большой ковер.

А мы беседуем. И эти
Беседы медленно текут,
Покуда маятник отметит
Пятнадцать бронзовых минут.

И часовому донесенью
Я повинуюсь, как солдат.
Вы говорите: «В воскресенье
Я вас увидеть буду рад».

И наклонившись над декретом,
И лоб рукою затеня,
Вы забываете об этом,
Как будто не было меня.

ейга Израилевна Коган (1891—1974) родилась — жила — умерла в Москве. Отец ее был сначала скорняком, потом купцом и старостой московской синагоги. Стихи стала «складывать» еще в раннем детстве, раньше, чем научилась читать. Училась в городском училище и 1-й Московской Мариинской женской гимназии, которую успешно закончила в 1908 году. Слушала лекции в университете Шанявского, занималась самообразованием. Увлекалась древнееврейским языком, но стихи писала только по-русски (позже перевела с иврита полную Псалтирь; отголоски жестких интонаций псалмов и пророков очень чувствуются в ее зрелых стихах). Занималась на курсах декламации, впоследствии писала работы о художественном чтении и участвовала в 1918 г. в работе первого еврейского театра.

Сборник стихов Ф.Коган «Моя душа» вышел в 1912 г. с восторженным предисловием Ю.Айхенвальда. Сравнивая молодую поэтессу и с Тютчевым, и с Лермонтовым, он писал: «Пленяет здесь настроение духовной готовности и тишины, на идеальном фоне которой только и можно слышать все истинные зовы природы и песни собственного сердца... она чувствует всю душу, выделяет ее как особое, вполне реальное существо; она смотрит ей в глаза и видит, что эти глаза — темные». Рецензий на сборник появилось много (в том числе — В.Брюсова и Н.Нарбута), от восторженных до уничижительных. В 1917 г. вышла ее вторая книга «Песня гусляра», а в 1923 — самый значительный сборник Ф.Коган — «Пламенник». В эти годы поэтесса сблизилась с группой «неоклассиков», пытавшихся «привить классическую розу к советскому дичку» (В.Ходасевич), и стих ее оформился, тематика расширилась, а поэтическое слово стало более пластичным.

***

Я берегу для Тебя
Душу свою темноокую,
Скорбь мою одинокую,
Молчанье дней моих.

Проходят, проходят, стеня,
Тени дней бессильные,
Призраки слов могильные, —
Лик Твой суров и тих.

С каждым шагом ясней
Пенье Твое приближается,
Сердце Твое обнажается,
Слышу Тебя вдали.

В правде единой Твоей
Услышь меня, Великая!
Скорбь мою темноликую
Прими на крылья свои!

1912

Даль

Встала тихая даль предо мною,
А на небе затеплились звезды,
Одинокие грустные свечи.

Что скажу я? Ни песней, ни словом
Не хочу я тревожить пустыню
Золотого, молчащего неба.

Если б месяц серебряной лютней
Подарил молчаливую душу,
Я сказала б неведомым далям
Несказанные сказки, и звоном
Прозвенело бы золото сказок.

И царевною-лебедью белой,
Юркой лодкою с парусом белым,
В море неба я кинула б сердце.

Но молчат мои дальние дали...

1912

***

Дом молчит.
И в мешке
Вязкой мглы
Мышь шмыгнет.
Зелий глаз
Лижет темь,
Острый зуб
Защемил
Пустоту.

— Быстрым оком
След летучий
Не дари!
Вспомни, вспомни
Колыбельный
Час зари!

Сердце свежим
В зарубежье!

На лету,
По морям
Голубого серебра
Вспыхнет кругло-звонкий плод,
Запоет
Синим жаворонком высь,
Оглянись —
Под тобой
Ночь легла,
За тобой
По росе
Два крыла.

1921

Умершие

Веют они:

Змеи ветвей
в воздух вились,
зяблый их свист
слышишь о нас?
Тайные наши приметы —
наволны-светы,
дух — холодень?

Мудро научим тебя
семенем толщу земли прорасти,
в горлышках птиц
воздухом петь,

зыбко — зеленым огнем
дышущих кротко растений
процвесть,
в обморок белых сиреней
вымолвить людям
тонкую весть.

Апрель 1921

Любовь Федоровна Копылова (1885 — 1936) родилась в Ростове-на-Дону в бедной полурабочей семье; после гимназии учительствовала в окрестных селах. В 1915 г. переселилась в Москву и жила
там вплоть до последней поездки на родину (в 1936 отправилась в
Ростов-на-Дону для работы над романом «Долгий полдень» и скоро-
постижно скончалась). Начала печататься в газете «Приазовский
край» в 1906 г., потом ее стихи появлялись в киевском журнале «Жизнь
искусства». Через три года после дебюта издала стихотворный сборник «Стихи о примирении. Голос мятежный. Книга I», а «Книга II» —
«Стихи» — появилась в 1914 г. После сборника «Благословенная печаль» (1918) целиком переключилась на прозу, а поэтические опыты
Л.Копыловой поминались критиками лишь как «грехи юности», в
предисловиях к ее «идейно-выдержанным» романам — «Одеяло из
лоскутьев», «Богатый источник» и др. В одной из таких статей, пред-
варяющих сборник избранной прозы (справедливости ради надо сказать, что проза Л.Копыловой — увлекательная и легкая для чтения,
несмотря на очевидную тенденциозность), советский литературовед
написал: «Копыловой пришлось в годы, предшествовавшие Октябрь-
ской революции, испытать немало искушений, поддаться очарованию
мнимой глубины буржуазной эстетической культуры». Из произведений
— а они все в большей или меньшей степени автобиографичны — можно
восстановить путь ее творческих и душевных исканий: увлечение сим-
волизмом (вплоть до прямого подражания), трудное вхождение не-
давней сельской учительницы в московские литературные круги, уче-
ничество у маститых писателей, ощущение своей инородности,
разочарование; бегство от прежних кумиров, даже — ненадолго — в
монастырь, и, наконец, попытка принять большевистские идеи как
возможность возвращения к демократическим истокам. «Не Мария,
а Марфа», — в этом жизненном выборе Л.Копылова оказалась близка многим труженицам русской культуры.

Марфа

Пусть Мария играет на арфе
И поет целый день как птица.
Что же мне, некрасивой Марфе,
Что мне делать? Вот я — девица,
    Я не знала еще поцелуя,
А похожа на плод увядший...
Только юношей не ревную
Никогда к сестре моей младшей.

    У сестры моей рот, как пламя,
Рот, как факел брачного пира;
Весь хитон ее заткан цветами,
Тело пахнет нардом и миррой.

    Я ж хожу целый день без сандалий
И в одежде грубой и грязной...
Ах, в Вифании не видали
Ни беспечной меня, ни праздной.

    Но зато в нашей горнице бедной,
Как на Пасху, убрано чисто.
Блещет солнце на утвари медной
И курится ладан душистый...

    Вот послушайте, было это
Так: беседовал брат мой, Лазарь,
С Иисусом из Назарета.
Я с плодами поставила вазу.

    Было тускло небо от зноя,
Побледнел Иисус от жажды.
Я сказала с досадой, не скрою:
— «Помоги мне, Мария!» — дважды.

    — Зачерпни воды из колодца,
Выжми в чашу гроздь винограда.
Чтоб достать молока, придется
Побежать мне, должно быть, в стадо.

    Он пришел к нам дорогой пыльной.
Неужели же вместе с ложем
И трапезы ему обильной
В нашем доме мы не предложим?»

    Но она распустила смело
Пряди кос своих темно-русых,
И у ног Иисуса села
Вся в запястьях, кольцах и бусах.

Но она не сводила с Мессии
Своего восхищенного взора,
Так и вышла у нас с Марией
Эта первая наша ссора.

И недоброй соседской молвою
Этот час был тогда отмечен.
И кивали все головою
На меня целый день и вечер.

И шептали на наше жилище,
Указуя: — А Он ответил:
«Марфа, Марфа, не этой пищей
Будет жив человек на свете!»

Это было подобно обиде,
Это было так горько и больно.
Неужели никто не видел
Моих слез и скорби невольной?

1918

Золотая гроздь

Друзья, если гроздь золотая,
Претерпеть ей много дано —
Виноградная воля святая
Растопчет ее на вино.

Но одно вино для таверны,
А другое на брачный пир...
Может быть — Литургия Верных
Этой гроздью наполнит потир.

Друзья, если гроздь золотая,
То каким должно быть вино? —
Наполнив чашу до края,
Как огонь будет жечь оно.

Но один огонь из тьмы ада,
А другой от страстной свечи...
Может быть эта гроздь винограда
Святые зажжет лучи!

Ах, смотрите, смотрите, какая
Муть покрыла бродильниц дно —
Но не бойтесь, ведь гроздь золотая,
Значит чистым будет вино.

1918

Н аталья Васильевна Крандиевская-Толстая (1888—1963) — дочь издателя В.А.Крандиевского и писательницы А.Р.Крандиевской. Она родилась в Петербурге. Занималась живописью в студии Е.Н.Званцевой. В 1915—1935 гг. была замужем за А.Толстым. Печатать стихи Крандиевская начала с 1901 г. При жизни вышло три сборника ее стихотворений : «Стихотворения» (М., 1913) и «Стихотворения» (Одесса, 1919) и «От лукавого» (Берлин, 1922). Крандиевской принадлежат также опубликованные посмертно воспоминания о культурной жизни России 1910-х—20-х гг. и ряд книг для детей.

Поэзии Крандиевской свойственна философская углубленность. Скупыми словами ей удается передать тончайшие движения женской души. Об этой особенности ее дарования С.Парнок писала в рецензии на сборник «Стихотворения» 1913 г.: «...в тютчевской сгущенности слова, происходящей от насыщенности содержанием, есть волнующая музыка». Другой критик отмечал свежесть и оригинальность рифм, богатство ритма и «удивительное искусство выражать тончайшие сложнейшие настроения при большой глубине мысли». Вскоре после замужества Крандиевская перестала писать стихи, считая, что литературное соперничество и семейная жизнь несовместимы. Однако после развода с Алексеем Толстым она вновь обратилась к поэзии.

Публикуемые стихи взяты из сборников «Стихотворения» (1913) и «Стихотворения» (1919).

Маме моей

Сердцу каждому внятен
Смертный зов в октябре.
Без просвета, без пятен
Небо в белой коре.

Стынет зябкое поле,
И ни ветер, ни дождь
Не спугнут уже боле
Воронье голых рощ.

Но не страшно, не больно...
Целый день средь дорог
Так протяжно и вольно
Смерть трубит в белый рог.

1913

* * *

Фаусту прикидывался пуделем,
Женщиной к пустыннику входил,
Простирал над сумасшедшим Врубелем
Острый угол демоновых крыл.

Мне ж грозишь иными поворотами,
Душу испытуешь красотой,
Сторожишь в углах перед киотами
В завитке иконы золотой.

Закипаешь всеми злыми ядами
В музыке, в преданиях, в стихах.
Уязвляешь голосами, взглядами,
Лунным шаром бродишь в облаках.

А, когда наскучит сердцу пениться,
Косу расплету ночной порой, —
Ты глядишь из зеркала смиренницей —
Мною, нечестивое, самой.

1919

Кудашева Раиса Адамовна (1878–1964) — неизвестный автор известного всем (без исключения) стихотворного текста. Как и бывает в таких случаях, стихотворения такого рода воспринимаются как «народные», анонимные и славы своим создателям не приносят.

Р.Кудашева — дочь чиновника Московского почтамта. После гимназии работала гувернанткой, учительницей и затем, многие годы, библиотекарем. Печаталась в детских журналах «Подснежник», «Малютка», «Светлячок». В «Русской мысли» в 1899 г. опубликовала повесть «Лери». Выпустила несколько книжек для детей, которые воспринимались порой как «ужасный перевод» хорошей английской сказки (С.Маршак, не подозревавший об авторстве стихотворной книжки и объясняющий «чрезвычайный успех» крепкой фольклорной основой).

Книги Кудашевой переиздавались и в недавнее время, но «главное» произведение ее творчества передается в устной традиции уже девяносто лет. К рождеству 1904 года она написала стихотворение «Елка» (опубликовано в декабрьском номере журнала «Малютка», 1903) и спустя несколько лет в поезде услышала, как несколько строф (куплетов) из него поет маленькая девочка. Музыку сочинил композитор-дилетант Л.К.Бекман (впрочем, мелодия очень напоминает немецкие и финские рождественские детские песни). В журнале стихотворение было подписано инициалами А.Э., и поэтому авторство Кудашевой не было раскрыто до 1941 г. Многочисленные заметки и даже статьи в советских газетах и журналах (40-х — 70-х гг.) ненадолго привлекли внимание к писательнице, но в сознании миллионов русских людей вряд ли задержалось имя создателя этого феноменально популярного текста.

Елка

Гнутся ветви мохнатые
Вниз к головкам детей;
Блещут бусы богатые
Переливом огней;
Шар за шариком прячется,
А звезда за звездой,
Нити светлые катятся,
Словно дождь золотой...
Поиграть, позабавиться
Собрались детки тут,
И тебе, Ель-красавица,
Свою песню поют.

Все звенит, разрастается
Голосков детских хор,
И, сверкая, качается
Елки пышный убор.

Песня:

В лесу родилась Елочка, в лесу она росла;
Зимой и летом стройная, зеленая была!
Метель ей пела песенки: спи, Елка... баю-бай!
Мороз снежком укутывал: смотри, не замерзай!
Трусишка зайка серенький под Елочкой скакал,
Порой сам волк, сердитый волк, рысцою пробегал!..

Веселей и дружней
   Пойте деточки!
Склонит Елка скорей
   Свои веточки.

В них орехи блестят
   Золоченые...
Кто тебе здесь не рад,
   Ель зеленая?

Чу! снег по лесу частому под полозом скрипит,
Лошадка мохноногая торопится бежит.
Везет лошадка дровенки, на дровнях мужичок.
Срубил он нашу Елочку под самый корешок...
Теперь ты здесь, нарядная, на праздник к нам пришла,
И много-много радости детишкам принесла.

Веселей и дружней
   Пойте деточки!
Склонит Елка скорей
   Свои веточки.

Выбирайте себе,
   Что понравится...
Ах, спасибо тебе,
   Ель-красавица!

Наталья Петровна Кугушева (по мужу Сивачева, 1899—1964) была очень мало известна любителям поэзии в 20-е годы, практически канула в безвестность в годы последующие и только недавно ее имя было воскрешено стараниями архивиста Н.М.Рубашевой. В автобиографии поэтесса писала о себе скупо: «родилась в Москве, ... жила и училась тоже (за исключением двух лет) в Москве, в 1917 году кончила гимназию, была студенткой Брюсовского института, но одного года не дотянула по независящим от меня обстоятельствам. Работала в качестве библиотекаря тоже в Москве. Книг печатных не имею, печаталась изредка в литературных сборниках. Все эти годы работаю над стихами». Литературные сборники, которые упоминает Н.Кугушева — сегодня библиографическая редкость, — даже московские альманахи «СОПО» и «Литературный особняк», не говоря уже о вышедших в Рязани в 1920—21 гг. «Голгофе строф», «Коралловом корабле», «Плетне», «Сегодня» и немногих других. В начале 1920-х она входила в маленькую группу «Зеленая мастерская», о чем глухо (не называя имени Кугушевой) вспоминает В.Каверин: «грустная горбатая девушка с необыкновенно большими глазами, о которой говорили, что она — бывшая княжна — истинная поэтесса». С 1941 по 1956 гг. Н.Кугушева находилась в ссылке, последовав туда добровольно за вторым мужем, немцем Г.Г.Бартельсом. После его смерти (Г.Бартельс был арестован в Казахстане и умер в заключении в 1943 г., о чем жена получила уведомление лишь три года спустя), Н.Кугушева не могла доказать своего русского — а не немецкого! — происхождения и оставалась в очень тяжелых условиях, в полной изоляции еще двадцать лет. Спасалась только тем, что, по ее словам, «всегда, всю жизнь жила в сопровождавшем... облаке стихов». Жила с 1956 г. в г.Малый Ярославец (проживание в Москве было запрещено). Умерла в доме для престарелых в Кучино, Московской области.

Стихи взяты из сборников «Голгофа строф», «Киноварь», «Поэты наших дней».

Безумный вальс

Кому предугадать развитье партитуры
Под дирижерской палочкой безумного маэстро?
Несется мир. Все бешенее туры
И не сбиваются, оглушены оркестром.

И только клочья вальсов нестерпимых,
Дрожа, взвиваются испепеленной лентой,
А мир несется. Рвутся звезды мимо,
Неистовый летит под вскрики инструментов.

Кому предугадать развитье партитуры,
И кто переложил безумный вальс на ноты?
Несется мир. Неистовее туры,
Но всех неистовей железные фаготы.

1920

* * *

Я о тебе пишу. И знаю, эти строки
Здесь без меня останутся и будут
Печальной книгой в черном переплете,
Печальной книгой о земной любви.

И ты припомнишь медную кольчугу
Сентябрьских дней, и медный звон ветвей,
И пахнущую яблоками свежесть
Простых и величавых утр.

И жизнь мою суровую ты вспомнишь,
Глаза мои и губы, и любовь —
И грешную мою помянешь душу,
И все простишь, полюбишь и поймешь.

Я не умру. Глазами этой книги
Я видеть буду милый, страшный мир;
Я буду слышать, как звенят трамваи,
Как город голосом густым гудит.

И спутницей внимательной и нежной
Я жизнь твою с начала до конца
Пройду, и передам неведомым потомкам
Великолепный дар — любовь мою к тебе.

Пройдут года по шпалам черных точек,
Железные года — страницы пробегут, —
Но милой лирики прозрачные прохлады, —
Как старого вина все драгоценней вкус.

1924

***

Милый, милый, осень трубит
В охотничий рог.
Небо и землю раскрасил Врубель
И смерти обрек.
Милый, милый, уж солнце-кречет
Ждет добыч.
И алые перья сбирает вечер
Для ворожбы.
Милый, милый, чей лук на страже
Каленых стрел,
В какие страны нам путь укажет
Чужой прицел?
Милый, милый, нам осень трубит
В зловещий рог.
И ветра медный протяжный бубен
Среди дорог.

1921

Eлизавета Юрьевна Кузьмина-Караваева, урожденная Пиленко (1891—1945), родилась в Риге, детство и отрочество провела на Кавказе. В 1906 г. переселилась в Петербург, где училась вначале в частной гимназии Л.Таганцевой, а затем в Стоюнинской гимназии и на Бестужевских курсах. Кузьмина-Караваева посещала собрания на «Башне» Вяч.Иванова, дружила с А.Блоком, была членом первого петербургского «Цеха поэтов», участвовала в выпуске альманаха «Цеха» «Гиперборей». В 1912 г. в издательстве «Цеха поэтов» вышел ее первый поэтический сборник «Скифские черепки», связанный с традициями символистской лирики. Основная тема книги — скифская языческая старина, ее поэтическая идеализация. Второй сборник стихов Кузьминой-Караваевой «Руфь», вышедший в Петрограде в 1916 г., отличается от первого христианской направленностью. Лирическая героиня ее стихов стремится, находясь в гуще жизни, бороться с мировым злом, защищать страждущих и обездоленных. Кузьминой-Караваевой принадлежит также повесть «Юрали» (Пг., 1915), главная идея которой — неотвратимость предопределенного судьбой духовного пути.

С 1920 г. Кузьмина-Караваева жила за границей, где продолжала писать стихи и статьи на литературные и философские темы. В 1932 г. постриглась в монахини, приняв имя Мать Мария. В 1943 г. за участие в движении французского Сопротивления была заключена в немецкий концлагерь, где героически погибла.

Публикуемые стихи взяты из сборников «Скифские черепки» и «Руфь».

Послание

Как радостно, как радостно над бездной голубеющей
Идти по перекладинам, бояться вниз взглянуть,
И знать, что древний, древний Бог, Бог мудрый, нежалеющий,
Не испугавшись гибели, послал в последний путь.

И знать, что воин преданный поймет костер пылающий
И примет посвящение, и примет тяжесть риз,
Поймет, что Бог пытает нас, что светел невзирающий,
Что надо мудро, радостно глядеть в туманы, вниз.

Что надо тяжесть темную с простою детской радостью
Принять, как дар премудрого, и выполнить завет.
Нальется сердце мукою, душа заноет сладостно,
И Бог, ведущий к гибели, даст светлый амулет.

***

Пусть будет день суров и прост
За текстами великой книги;
Пусть тело изнуряет пост,
И бичеванья, и вериги.

К тебе иду я, тишина:
В толпе или на жестком ложе,
За все, где есть моя вина,
Суди меня, Единый, строже.

О, Ты спасенье, Ты оплот;
Верни мне, падшей, труд упорный,
Вели, чтобы поил мой пот
На нивах золотые зерна.

Лидия Петровна Лебедева родилась в 1869 г. в Петербурге, умерла в 1938 г. в Генуе. Первое стихотворние сочинила в шестилетнем возрасте на смерть отца. Отец, Петр Семенович Лебедев — профессор и генерал, военный историк, автор книг по истории полков, помощник редактора газеты «Русский инвалид».

Лидия Лебедева была посетительницей «Пятниц Случевского», завсегдатаем литературных вечеров, общалась с писателями разных поколений, делала и сама первые шаги в поэзии. Но с 1902 г. из-за болезни сестры уехала за границу и с тех пор жила, главным образом, в Италии. В литературной жизни России не участвовала, зато вошла в художественные круги Италии и Франции, знала многих знаменитых западных писателей. Переводила Т.Мура, П.Верлена, Г.Д'Аннуцио, посылала свои переводы В.Г.Короленко и В.Я.Брюсову. Брюсов в дневниках отметил, что Лидия Лебедева «жаждет знакомств с великими людьми». Выпустила два сборника — «Стихи» (1903) и «Лирика» (1911; сюда почти полностью вошла и ее первая книжка). Сборники предваряют многочисленные эпиграфы из А.К.Толстого, Г.Гейне, Г.Д'Аннуцио, К.Бальмонта. Всего слышнее в стихах Лебедевой голос Бальмонта, как бы искаженный до звучания контратенора, — она приходилась, кроме всего прочего, двоюродной сестрой поэту. Впрочем, влияние модернизма сказалось самым поверхностным образом, и ее стихотворения не выходят за рамки обычной альбомной лирики: любовные мадригалы, романсы, бесконечные «цветочные циклы», пейзажные картинки. Вторая книжка к тому же иллюстрирована фотографиями, словно взятыми из рекламного путеводителя среднего вкуса. Основной темой творчества русской поэтессы стала «прекрасная Италия» и «Итальянские» (всегда так — с заглавной буквы!) красоты.

***

Миндальная роща в цвету —
В тени ее розовой вьется
Фиалок узор голубой...
Весеннее солнце смеется,

Смеется и плещет волна,
Сквозь кружево веток сверкая...
Какое блаженство любить
В лучах Итальянского рая!

1911

***

Прелестные! Не вы растрогали меня,
Цветы Италии — камелии, мимозы,
Не вы, красавицы ликующего дня,
Любимицы весны, смеющиеся розы!..

В мой праздничный венок закралась резеда,
Друг прошлого, сирень в венке благоухает...
Россия! Родина! Туманная звезда!
Тебе привет душа слезою посылает...

1911

Лидия Лесная — поэтический и актерский псевдоним Лидии Озиясовны Шперлинг (1889—1972). Она родилась и окончила гимназию в Киеве, играла в киевском театре Н.Соловцова у К.Марджанишвили, выступала на провинциальной сцене. В 1911—1916 гг. работала в петроградских театрах. Литературный дебют Лесной состоялся в 1907 г. в журнале «В мире искусств», где были опубликованы ее проза и стихи. В 1915 вышел поэтический сборник Лесной «Аллея причуд», стихи из которого она с успехом исполняла с эстрады. В 1916—1917 гг. поэтесса была секретарем журнала «Новый сатирикон». В десятые годы она написала ряд пьес: «Алые розы. (Дни войны)», «Это было так», «Амазонка»и другие, ставившихся на провинциальной и столичной сценах. В 1918 Лесная жила в Тифлисе, где публиковала стихи в местной прессе, участвовала в работе литературно-художественного клуба «Фантастический кабачок». В 1919 она оказалась в Омске, а в 1920—22 гг. жила в Барнауле, где участвовала в работе Алтайского Лито, под маркой которого вышел ее второй поэтический сборник «Жар-птица» (1922). С 1923 Лесная жила в Ленинграде, печатала стихи и рассказы в сатирических журналах «Смехач» и «Бегемот», занималась журналистикой, выступала с кукольными представлениями.

Поэзии Лесной присущи изящество, легкая ирония, внимание к «милым мелочам», разговорная интонация. Созданный поэтессой образ кокетливой, грациозной женщины-кошечки, остроумно оправдывающей свою неверность стремлением к полноте жизни, перекликается с женскими образами И.Северянина и «Стихов Нелли»

В.Брюсова. В то же время экзотизм и неожиданность сюжетных ходов сближают некоторые из ее стихов с поэзией Н.Агнивцева..

Публикуемые стихи взяты из сборников «Аллеи причуд» и «Жарптица».

***

Из цикла «Он»

Мне надо, чтобы она говорила «нет», сопротивлялась,
Но быстро смирялась.
Мне надо, чтобы она была светлая, как смех,
Чтоб ее утомляла моя сила,
Чтоб она одного меня любила,
А я любил всех.
Ночью я с друзьями. Она должна кротко ждать
И — это так женственно — страдать.
Я пришел, она будто спит, не видит.
Я ее бужу. Она меня ненавидит.
Плачет. В слезах она милее.
Я ее так нежно жалею.
Улыбнулась. Смотрит одним глазом,
Ласками я туманю ей разум,
Говорю, что завтра возьму ее с собой
И опять делаю ее своей рабой.

1914

***

Из цикла «Она»

Иногда она была жгучей и страстной,
Иногда — холодной и властной —
И потому она любила то смуглого юношу с сильным телом,
То мечтала о мальчике — золотом и белом!
Иногда ей хотелось больных снов,
Жажды — без утоления,
Жарких слов,
Утомления —
И она искала тогда созвучий
В том, кто сквозь лед — жгучий.

Иногда она ждала покоя —
И любила того, кто давал ей тепло без зноя.
Когда ей, как девочке, хотелось тихой ласки,
Она искала того, кто умеет рассказывать сказки.
А все говорили: «она такая»,
Какая?
Кто может сказать — чистая она или грязная?
Она разная.
И кто виноват в том,
Что нельзя всего найти в одном?

1914

Молитва

Любите меня, как любите переплет
Из белого шелка или серой кожи,
Пусть я буду вам дорога,
Как ваш кот,
Я не хочу быть дороже.
Ваша жизнь — из синей мозаики храм,
Но я не хочу быть в нем жрицей, —
Куда мне?
Я лучше могу молиться вам,
Если буду у входа серым камнем.

Когда я мою пол

Я мою пол — и током жаркой крови
Струится жизнь, толкая стенки вен.
О сладкое, блаженное здоровье!
Труда, враждебного мне, благодатный плен.
Апрельский день от вымытого пола
Меня зовет, как праздник золотой.
К воротнику фиалки приколола.
Живу — новорожденной и святой.
Уже давно покинули залив мы,
И я теперь забыла, что такое — мол,
И я теперь не знаю — радость рифмы
Дороже — или то, что чисто вымыт пол.

Мария Евгеньевна Лёвберг (урожденная Купфер; писала также под псевдонимом Д.Ферранте; 1894—1933), по отцовской линии происходила из саксонских дворян, по материнской — из приволжских крестьян. Родилась в Риге, училась в Петербурге сначала в гимназии княгини А.А.Оболенской, потом на Бестужевских курсах, на историко-филологическом факультете. Первый муж, военный инженер В.Б.Ратьков, погиб на войне 1914 года. Печаталась в «Современном слове», «Журнале для всех», в «Русской мысли», в сборнике «Вечер Триремы» (Пг., 1916). В 1912 г. посещала «Вечера Случевского», в 1916—17 гг. участвовала во 2-м «Цехе поэтов». «Ей, ведающей таинства стихов», посвящено стихотворение Николая Гумилева «Ты жаворонок в горной высоте» (в 1915 у него был роман с Марией Лёвберг). В «Аполлоне» Гумилев хвалил ее стихи за «энергию» и «подлинно поэтическое переживание», прощая за эти достоинства «поэтическую неопытность». Единственный стихотворный сборник М.Лёвберг «Лукавый странник» вышел в издании автора (Пг.,1916). Потом она увлеклась драматургией и включала стихи из книжки в свои пьесы как «песенки». В игровом контексте ее лирика оживала, стилизация становилась оправданной, на фоне театральных декораций поэтические сценки приобретали законченность. Любовные стихи «Лукавого странника» — чаще всего ролевые, написанные от лица мужчины, но с женской манерностью — шекспировский театр наоборот. Поэтика Лёвберг возникла в точке пересечения постсимволистской и акмеистической эстетики, и полностью избавиться от влияния Гумилева, Ахматовой и Блока ей удалось только тогда, когда она ушла в другие жанры. На отзыв Блоку посылала уже не стихи, а драму «Дантон» (в записных книжках Блока: «Чувствую нежность к неумелой Лёвберг, у которой — истинно новое и трудное»). В 20-е годы работала учительницей (Ида Наппельбаум, учившаяся у нее в классе , говорит о ней в своих мемуарах с обожанием). Позже выступала как прозаик (повесть «Лайма» и роман «На белом Севере»), переводила Р.Роллана, Стендаля, Мольера; составила «Словарь иностранных слов», выдержавший 6 изданий. Была в ссылке.

Диалог

«Вам не нравится,
Что я крашу пасхальные яйца,
Запачкал зеленым манжеты?»

— Рыцари знают сами,
Что нравится Даме.

«Я знаю, Дама любит сонеты...
Но ведь я не рыцарь Ваш,
 Только паж».

— Настоящий паж из сказки
Никогда не красит яйца
 Перед Пасхой.

То была страстная пятница.

1916

***

Эле Р.

Он потушил мою лампадку,
Он грусть последнюю унес.
«Моя любовь, не надо слез,
Ведь послезавтра будут святки!»

Так значит, надо домино
Кроить из черного атласа?
И сок душистый ананаса
Вливать в бургундское вино?

И повторять: «печали нет»,
И знать, что тихий свет не нужен:
Он только в горести жемчужин
И в ласке старых ариэтт.

Молить о счастье перед сном
Не надо больше. Скоро святки.
Я, может быть, мою лампадку
Зажечь сумею и потом.

1915

***

Удлинила брови черной краской,
Напоила взгляд кошачьей лаской,
Синее надела кимоно.
Посмотрев задумчиво в окно,
Прошептала: «чай — мое вино»,
И решила, что она в Китае.

Перед нею чашка золотая.
Нарисованный китаец, полный грез,
Улыбается, о родине мечтая...
У нее в прическе, вместо роз,
Притаилось золото мимоз.

Мы вдвоем, серьезные, как дети,
Сочиняем вместе сказки эти.
Настоящей жизни больше нет.
Мы, баюкая молчанием наш бред,
Задвигаем шторы на рассвете.

1915

***

Чуждых образов проходит вереница,
Я спокойнее, чем бледный свет зари...
От меня ушли живые лица,
Повторяя тихое «умри».

Я поверил в гордую измену —
Отреченья сладок странный яд.
Но и ты, мой юноша надменный,
Ты ушел, мой брат.

И в последний раз, с тоской тревожной,
Я смотрю на запертую дверь.
Я совсем один. Совсем свободен. Боже,
Ведь я Твой теперь?

1915

***

Отравили нежные стихи...
Что с тобою делать мне теперь?
О заре пропели петухи.
Скрипнула незапертая дверь.

День начнется скоро, полный шума,
Прозвучат обычные слова.
Ты, мой друг, найдешь меня угрюмым, —
Я один уйду на острова.

Потому что слаще нет отравы,
Чем печаль звенящая стихов.
Все соблазны тонки и лукавы
В ритме слов.

1916

Магда Густавовна Ливен (в замужестве Ливен-Орлова; родилась в 1885 г. в Петербурге, умерла в эмиграции после 1929 г.) происходит из знатного рода остзейских баронов Ливенов, история которого рассказывается во всех генеалогических русских книгах. Отец был хранителем Эрмитажа и детские впечатления от дворцовых интерьеров, от полотен старых мастеров удивительно повлияли на ее творческую фантазию. Сюжеты и персонажи одноактных пьес М. Ливен — «Асторре Тринчи», «Цезарь Борджиа», «Маддалена» — напоминают ожившие картины Веласкеса и Франческо Гварди, Фрагонара и Гольбейна. Баронесса Ливен получила прекрасное домашнее образование; «начала писать стихи уже пяти лет по-немецки, по-французски и по-английски», затем — «исключительно по-русски» (из автобиографии). Сборники пьес Магды Ливен, выходившие в 1910, 1911 и 1912 годах, не остались незамеченными в литературных и театральных кругах: композитор С.Прокофьев использовал драму «Маддалена» как либретто оперы, Н.Гумилев в «Аполлоне» писал об «увлекательно-женских» книгах. Читателей же интриговали не только «готические ужасы» драматургии Ливен, но и сама писательница — «красивая, остроумная и снобка — необычное сочетание» (свидетельство Г.Крымова, редактора светского журнала «Столица и усадьба», публиковавшего не только стихи, но еще охотнее — портреты баронессы). Поэтические опыты М.Ливен менее оригинальны и более традиционны, чем ее драматургия; единственный сборник «Стихи» вышел в Петербурге в 1911 году. Последние две книги — это проза, частично написанная еще в России, но опубликованная в эмиграции: роман «На пороге» (Берлин, 1926) и сборник «мистических» рассказов «Голоса ночи» (Берлин, 1929). Была членом масонской ложи.

Дальнейшая судьба баронессы Магды Ливен неизвестна.

У Спасителя

Смиренный серый люд, коленопреклоненье,
священный полумрак, Спасителя черты...
И гостья редкая — далекое виденье
из мира радости и светской суеты.
О чем ты молишься, с улыбкою во взгляде,
с устами лживыми и ветреным челом?
Быть может, о своем заказанном наряде
и о любовнике своем?

1911

***

В промелькнувшей карете тепло и темно,
утопает в меху легкий, смятый наряд,
не смеются уста, устремился в окно
из-под темных ресниц отуманенный взгляд.
Не смеются уста, шумный бал позади,
речи, полные вздора и ложь без конца,
замирает усталое сердце в груди...
Тот же блеск, тот же чад навсегда впереди
— золотые шипы золотого венца.

1911

***

Блеск, улыбки, вино, переливы огня,
звонкий, радостный смех молодых голосов...
Ты проходишь вблизи, не взглянув на меня,
не взглянув на меня, без привета, без слов.
Для других красота, о других разговор,
ты не знаешь меня, не подходишь ко мне...

Но от ласки твоей я еще как во сне,
но от ласки твоей отуманен мой взор,
и уста от твоих поцелуев в огне.

1911

Франческа и Паоло

О друг мой, о милый, я в рай не желаю, —
там в вечном забвеньи блаженные реют созданья,
чужды и далеки небесному краю
мирские волненья, мирская любовь и страданья.
Не лучше ль, обнявшись, сливаясь душою,
как те две знакомые тени печального края,
витать неразлучно, навеки с тобою?
О друг мой, о милый, иного не надо мне рая!

1911

***

Бросив поводья, отрадно без цели
по лесу ехать душистой весною —
яркая зелень, смолистые ели,
гибкие ветви над свежей травою.
Теплого ветра живое дыханье,
властная прелесть влюбленного Мая,
в небе зари и заката слиянье,
света и тени игра золотая.
Песня далекая ранней свирели,
первая трель соловья за рекою...
Бросив поводья, отрадно без цели
по лесу ехать душистой весною.

1911

Мирра (Мария) Александровна Лохвицкая (1869—1905) родилась в Петербурге в семье известного адвоката, блестящего оратора, профессора права. Получила домашнее образование, затем училась в московском Александровском институте. В 1892 г. вышла замуж за архитектора Е.Э.Жибера; брак был многодетным. Некоторое время они жили в Тихвине и Ярославле, затем опять в Москве и Петербурге. О несовпадении ее житейского облика и образа лирической героини — «вакханки» — писал И.Бунин: «... большая домоседка, по-восточному ленива». Имя М.Лохвицкой на литературной карте русской поэзии рубежа веков ближе всего стоит к К.Бальмонту; их связывали и личные отношения («Лионель» ее стихов). Бальмонт посвятил ей лучший свой сборник «Будем как солнце» (1903). Первый поэтический сборник Лохвицкой появился в 1896 г., за него она удостоилась Пушкинской премии Академии наук; всего при жизни вышло пять выпусков ее «Стихотворений» (последний — в 1904 г.). Популярность «русской Сафо» к концу XIX в. постоянно возрастала, соответственно с укреплявшимися позициями модернистской эстетики; критика находила в них уже «больше искренности, чем нескромности». На фоне однообразно-унылой народнической лиры страстный — до экзальтации — голос поэтессы звучал совершенно особенно, отдельно, как музыкальное соло. В ее лирике вообще главенствовала музыкальная стихия, подчиняющая и растворяющая в своем потоке стихотворные ритмы, словесные образы, темы. Впрочем, главная тема была одна: прославление страсти, радости чувственной любви. В девятисотые годы она обратилась к драматическим формам, писала пьесы (скорее для чтения) на средневековые сюжеты, испытала увлечение мистикой; но и вечные библейские истории притягивали ее.

Умерла от туберкулеза, похоронена в Александро-Невской лавре. Посмертно продолжали выходить книги и прибавляться поклонники: Ел.Дмитриева (будущая Черубина де Габриак) была влюблена в «русскую Кассандру», а Игорь Северянин называл Мирру Лохвицкую своей предшественницей.

***

Я люблю тебя, как море любит солнечный восход,
Как нарцисс, к воде склоненный, — блеск и холод
сонных вод.
Я люблю тебя, как звезды любят месяц золотой,
Как поэт — свое созданье, вознесенное мечтой.
Я люблю тебя, как пламя — однодневки-мотыльки.
От любви изнемогая, изнывая от тоски.

Я люблю тебя, как любят звонкий ветер камыши,
Я люблю тебя всей волей, всеми струнами души.
Я люблю тебя, как любят неразгаданные сны:
Больше солнца, больше счастья, больше жизни и весны.

***

Быть грозе! Я вижу это
В трепетаньи тополей,
В тяжком зное полусвета,
В душном сумраке аллей.
В мощи силы раскаленной
Скрытых облаком лучей,
В поволоке утомленной
Дорогих твоих очей.

1897

Лионель

Лионель, певец луны,
Видит призрачные сны,
Зыбь болотного огня,
Трепет листьев и — меня.
Кроют мысли торжество
Строфы легкие его,
Нежат слух, и дышит в них
Запах лилий водяных.
Лионель, мой милый брат,
Любит меркнущий закат,
Ловит бледные следы
Пролетающей звезды.
Жадно пьет его душа
Тихий шорох камыша,
Крики чаек, плеск волны,
Вздохи «вольной тишины».
Лионель, любимец мой,
Днем бесстрастный и немой,
Оживает в мгле ночной
С лунным светом и — со мной.
И когда я запою,
Он забудет грусть свою,
И прижмет к устам свирель
Мой певец, мой Лионель.

Между 1896 и 1898

***

Я не знаю, зачем упрекают меня,
Что в созданьях моих слишком много огня,
Что стремлюсь я навстречу живому лучу
И наветам унынья внимать не хочу.
Что блещу я царицей в нарядных стихах,
С диадемой на пышных моих волосах,
Что из рифм я себе ожерелье плету,
Что пою я любовь, что пою красоту.
Но бессмертья я смертью своей не куплю,
И для песен я звонкие песни люблю.
И безумью ничтожных мечтаний моих
Не изменит мой жгучий, мой женственный стих.

1898

Надежда Григорьевна Львова, девичья фамилия Полторацкая (1891—1913), родилась в Подольске, окончила Елисаветинскую гимназию в Москве. Стихи начала печатать с 1914 г. в журнале «Русская мысль», затем выступала в журналах «Женское дело», «Новая жизнь», альманахах «Жатва» и «Мезонин поэзии». В 1913 выпустила сборник «Старая сказка», предваренный предисловием В.Брюсова, посвятившего Львовой книжку стихов «Стихи Нелли». В 1913 Львова, будучи в глубокой депрессии из-за трагического романа с В.Брюсовым, покончила жизнь самоубийством. После ее смерти вышло второе издание «Старой сказки» (1914), дополненное не публиковавшимися ранее стихами.

Поэзии Львовой присущи естественность и непосредственность. Ее стихи отличает глубина и острота переживаний, качества, за которые критика прощала автору технические огрехи. В отзыве на «Старую сказку» А.Ахматова писала: «Ее стихи, такие неумелые и трогательные, не достигают той степени просветленности, когда они могли бы быть близки каждому, но им просто веришь, как человеку, который плачет» (Русская мысль, 1914, №1).

Публикуемые стихи приводятся по сборнику «Старая сказка», изд.2. (М., 1914).

Из цикла «Пастели»

6

Знаю я: ты вчера, в ресторане,
Опьяненный приветом огней,
Как во сне, как в бреду, как в тумане,
Наклонялся взволнованно к ней.

И она отдавалась — улыбкой,
И она побежденно ждала,
И казалась печальной, и гибкой,
И томящей, — как летняя мгла.

Золотая симфония света,
И блестящих волос, и вина,
Обжигала — как зов без ответа,
Как молчание вечного сна.

Но глазам, что молили и ждали,
Скрипки радостно бросили: «Нет!»
...А вино хохотало в бокале,
Золотое, как волосы Кэт.

***

Будем безжалостны! ведь мы — только женщины.
По правде сказать — больше делать нам нечего.
Одним ударом больше, одним ударом меньше...
Так красива кровь осеннего вечера:

Ведь мы — только женщины! Каждый смеет дотронуться,
В каждом взгляде — пощечины пьянящая боль...
Мы — королевы, ждущие трона,
Но — убит король.

Ни слова о нем... Смежая веки,
Отдавая губы, — тайны не нарушим...
Знаешь, так забавно ударить стэком
Чью-нибудь орхидейно-раскрывшуюся душу!!

Октябрь 1913

Вера Иосифовна Лурье (1901—1998) родилась в Петербурге в семье врача. Училась в гимназии Таганцевой, закончила ее уже после революции. В 1920 стала посещать Дом Искусств, где занималась одновременно в театральной студии Н.Евреинова и поэтической студии, которую вел Николай Гумилев. К этому времени относятся ее первые литературные опыты — лирические стихи, многие из которых посвящены «учителям» и исполнены девичьей восторженной влюбленности. Входила в группу «Звучащая раковина»; первая публикация — три стихотворения, вышли в коллективном сборнике с одноименным названием уже после отъезда Веры вместе с родителями в Германию. С 1921 года Вера Лурье безвыездно жила в Берлине. По приезде она быстро вошла в литературные круги «русского Берлина», познакомилась с И.Эренбургом (была дружна с его женой, художницей Л.Козинцевой), А.Ремизовым, В.Ходасевичем и другими писателями, художниками, издателями.

Печаталась в эмигрантских изданиях — «Голос России», «Дни», «Сполохи», в пятидесятые годы — в «Русской мысли». В пору ее близости с Андреем Белым в журнале «Новая русская книга» появились рецензии В.Лурье на его роман «Серебряный голубь» и на теоретический труд «Глоссолалия». Рецензировала также стихотворные сборники М.Шкапской, М.Цветаевой, В.Ходасевича, М.Кузмина, В.Нарбута и др. Стихи писала — с перерывами — в течение всей жизни. Последние годы пробовала сочинять по-немецки.

Первый текст приводится в редакции «Звучащей раковины» (Пг.,1922), все остальные по книге: Vera Lourie, Stichotvorenija. Poems. Berlin Verlag, 1987.

* * *

От бессонницы ломит тело
И колени трудно согнуть,
Скоро город оставлю белый
И ступлю на солнечный путь.

Но два глаза вползли в мою душу,
Обожжен поцелуем рот,
Листья падают глуше, глуше,
Ветер кружит их желтый полет.

Эту встречу нигде не забуду,
Как и гулкий город ночной,
И желаньем томиться буду
И чужой, не русской зимой.

1922

***

Посвящается Б.Н.Б.

Бескрылый дух томится о свободе,
(А в клетке-теле тесно и темно),
Незвонкой песней в тишину исходит,
Когда рассвет глядит уже в окно.

Бессонной ночью чище и прозрачней
Моя любовь, ненужная тебе...
А в небе светлом золотые мачты
Поплыли вдаль, покорные судьбе.

Как этот мир отличен от дневного,
Покой и радость в щебетанье птиц,
А в жизни суетной мельканье снова
Событий смутных и ненужных лиц.

1922

***

Н.Г.

Вы глядите на всех свысока
И в глазах ваших серых тоска.
Я люблю ваш опущенный взгляд —
Так восточные боги глядят.
Ваши сжатые губы бледны.
По ночам вижу грешные сны.
Вы умеете ласковым быть,
Ваших ласк никогда не забыть.
А когда вы со мной холодны —
Ненавижу улыбку весны.
Мы случайно столкнулись в пути,
Мне от вас никуда не уйти.

И усердно я Бога молю,
Чтоб сказали вы слово «люблю».
И по картам гадаю на вас
Каждый вечер в двенадцатый час.

1920

Эшелон

Посвящается К.Вагинову

Мой дом разрушил ветер старый
И песни прежние унес.
А люди спят на грязных нарах
Под равномерный стук колес.

Далеким стал прощальный вечер,
Ночной туманный Петроград,
И поцелуй последней встречи,
И на лету последний взгляд.

Вагон качается устало,
Фонарь мигает в темноте,
И только сердце — месяц алый
Давно распято на кресте.

1921

В церкви

С.П.Ремизовой-Довгелло

Здесь на чужбине больше и больней
Я русское люблю богослуженье.
Мне голоса поют в церковном пеньи,
Поют, поют о родине моей.

В снегу густом мелькает Мойка снова,
И на углу наш сероватый дом,
Сарай, где на меня сходило слово,
Когда дрова колола колуном...

Вдруг вспомню детство, длинный год учебный,
В гимназии осенние молебны,
Квадратный класс с доскою на стене,
Там Моховая светится в окне.

Как хорошо, когда весь день отмечен
Простою радостью, как хорошо, когда
У алтаря мерцают свечи.
Без слов молиться прихожу сюда.

1923

*С*ерафима Михайловна Мадатова (1894—1966) родилась в Херсонской губернии в дворянской семье. Отец был жандармским офицером, и крестили ее в полковой церкви (свидетельство о рождении выдали позже, в Одессе). Училась в гимназии в городке Острогожске, где, видимо, поражала всех своим рано открывшимся талантом сочинительства: в 1907 г. здесь вышла удивительная книжка в 27 страниц — «Стихотворения Серафимы Мадатовой, ученицы IV класса Острогожской гимназии». Стихи, впрочем, были вполне «гимназического» уровня, и вспоминать о них сейчас можно лишь как о некоем библиографическом курьезе. Затем Серафима, или — Софа, как звали ее подруги, проучилась год в частной гимназии Е.И.Оливер в Одессе и поступила в восьмой дополнительный класс женской гимназии Е.Е.Констан, — уже в Москве. В 1912—1916 гг. занималась на филологическом факультете курсов Герье (защитила дипломную работу «Образ светской женщины в романах Мопассана»). На курсах преподавал выдающийся русский библиограф и историк литературы И.Н.Розанов, на квартире которого собирался маленький кружок, выразительно называвшийся «Девичье поле» (топоним Москвы). В него входили курсистки, сочинявшие стихи, — Е.А.Любимова, Е.М.Багриновская, Е.Ф.Корнеева и С.Мадатова. Стихи Серафимы Мадатовой были собраны в 1920 г. в книжку «Листки из дневника», вышедшую в Одессе незадолго до эмиграции поэтессы. После отъезда из России С.Мадатова (ставшая по мужу Мадатовой-Полянец) жила в Югославии, занималась преподавательской работой, писала прозу; совместно с мужем составила «Сербскохорватско-русский словарь».

***

Занесенное поле, как берег туманный,
Перекресток военных дорог,
Шум тяжелых обозов, и крест деревянный
С польской надписью: «Смилуйся Бог».

И следов одиноких, следов только наших
Отпечаток на белом снегу,
И на снежной равнине так жуток, так страшен
Поцелуй обезумевших губ.

Все равно, я сейчас ни о чем не заплачу,
Он молчит, он не знает, он ждет...
Мы идем как слепые; идем наудачу
Против воли — вперед и вперед.

1920

***

Я прижалась щекою к дивану зеленому,
Закрывает лицо бахрома...
Как отрадно придти к человеку влюбленному,
Даже если не любишь сама.
И холодные руки, устало покорные,
Поцелуям его отдаю,
И в ответ на мольбы безнадежно-упорные
Говорю: «Может быть полюблю».

***

Трудно поверить разлуке,
　　Но неизбежно...
Вы мне целуете руки
　　Ласково, нежно...
Странно смущаете взглядом,
　　Мысли читая...
С вами, безмолвная, рядом
　　Словно не та я...
Сердце от жизни устало,
　　С вами легко мне...
Что отвечая сказала —
　　Разве я помню?

1920

***

Молодой офицер, мой случайный знакомый,
В полумраке купе твое имя назвал,
И откликнулось сердце, как дальнему грому,
И в руке карандаш задрожал.
И на миг протянулась над нами двоими
Незабвенного прошлого крепкая нить...
Только несколько букв, только милое имя,
Что когда-то мечтала носить.

1920

В пути

Освещенного вагона
            Два окна...
Вечер гаснет однотонно,
            Тишина...
Сколько тайных привидений
            Спят во мгле.
Безобразны наши тени
            На земле.
Под тяжелой ношей хлеба
            Спят поля...
Далеко на фоне неба
            Тополя.
Загорается Венера,
            Яркий свет...
Тонкий профиль офицера:
            Мой сосед.
Но в широкой светлой раме
            Я одна...
По траве бегут за нами
            Два окна...

1920

***

Старые книги... Французские старые книги,
Дамы двадцатых годов...
Тонкая сетка какой-то влюбленной интриги,
Листья увядших цветов.

Что в этих листьях? Отрывок мучительной драмы
Или пустой водевиль?
Старые книги... Французские стройные дамы,
Легкая желтая пыль.

1920

Варвара Григорьевна Малахиева-Мирович (1869—1954) принадлежит к старинному и славному дворянскому роду. Родилась в Киеве, там же окончила гимназию и Высшие женские курсы. Увлечение народничеством закончилось для нее нервным расстройством, и поправлять здоровье она поехала за границу. Жила частными уроками; учила племянников Л.Шестова (дружба и духовная близость связывала ее с Л.Шестовым до конца его жизни). Печаталась в киевских газетах, после переезда в 1898 г. в Петербург — в столичной газете «Неделя». В 1901 г. поселилась в Москве, где и прожила до самой смерти. Заведовала отделом прозы в «Русской мысли»; печатала там свои стихи, рассказы, рецензии, переводы. При Малахиевой-Мирович журнал приобрел новое лицо: в нем активно стали сотрудничать религиозные философы, писатели-символисты, подробнее стал обзор иностранных книг. Впервые была «замечена» Елена Гуро (рецензия В.Малахиевой-Мирович на сборник Гуро «Шарманка» появился в июльском номере за 1909 г., и это послужило началом их «мистической» дружбы). Уже после ухода из редакции, в 1911, в «Русской мысли» опубликованы ее воспоминания о Льве Толстом (ездила к нему в Ясную Поляну зимой 1909 и преподнесла свой перевод У.Джеймса «Многообразие религиозного опыта» — и книга, и перевод вызвали у великого старца ярость). О других увлечениях этих лет выразительно свидетельствует шутливое прозвище Мирович, каким наградил ее Павел Флоренский: «Оккультная топь». Стихотворения ее единственного печатного сборника «Монастырское» помечены 1915 годом, а вышла книга в 1923-м, когда в разгаре был большевистский поход на Церковь. В.Мирович был свойствен дар не только поэтический, но и религиозный. Композиционно книга построена как целостное повествование, как поэма, рассказанная голосами разных лирических героинь, «невест Христовых» — послушниц, черниц, стариц. Удивительно богатый духовный и душевный мир православной женщины предстает во всех сложных гранях, со множеством оттенков религиозного чувства: от слезной молитвы до экстаза, от кроткого смирения — до страха житейских искушений. В 1921 г. в Книжной Лавке писателей в Москве продавались ее рукописные сборники — «Осеннее», «Стихи мира», «Братец Иванушка». Для детей и о детях В.Мирович писала еще с 1904 г., а в советское время полностью переключилась на детскую и методическую литературу, преподавала, занималась проблемами дошкольного образования. Вела дневник мемуарного характера «О преходящем и вечном».

***

Звонко плещется ведро
В глубине колодца черной;
Быстрых капель серебро
На кайме пушистой дерна.

Напоили резеду
И гвоздики, и левкои.
У игуменьи в саду
Маки в огненном бреду
Славят царствие земное.

У колодца шум растет
Словно улей в час роенья:
Лизавета в мир идет —
Замуж дьяк ее берет —
Искушенье! Искушенье!

Душа моя — свечечка малая
Перед Иконою Спасителя темною.
Сегодня она пасхальная, алая,
Вчера была страстная, зеленая.

Вчера омыло ее покаяние,
Омыло чистой водой, нетленною,
И стало радостью испытание,
И радость стала совершенною.

Лучится мой дух, слезами теплится,
Огарочек малый перед иконою,
Сейчас догорит и опять засветится
Страстной — покаянной, свечой зеленою.

***

Сказывают в песнях, сестрица Мариша,
Про земную любовь поют соловьи,
А я всегда в их щебете слышу,
Что мало и им земной любви.

Слыхала я тоже: в лунные ночи
Иных мечтанья плотские томят —
А мне, как закрою очи,
Все невидимый видится град.

Рассказать про него не умею,
Но в снах я в нем живу,
И проснувшись одно лелею:
Узреть его наяву.

Скоро уж смертушка милая
Мне двери к нему отопрет:
Сама я и от роду хилая,
И кашляю третий год.

***

В третьем годе
Мучилась я, Пашенька, головой;
Прямо скажу, что была я вроде
Порченой какой.

Голова болеть начинает —
Сейчас мне лед, порошки,
А я смеюсь, дрожу — поджидаю,
Прилетят ли мои огоньки.

День ли, ночь ли — вдруг зажигается
Вокруг звезда за звездой,
В хороводы, в узоры сплетаются,
Жужжат, звенят, как пчелиный рой.

Церковь над ними потом воссияет,
Невидимые хоры поют —
Не то меня хоронят, не то венчают,
Не то на небо живую несут.

И так я эту головную боль любила,
Срывала лед, бросала порошки,
Но матушка-сиделка усердно лечила —
Так и пропали мои огоньки.

***

В тонком виденьи мне нынче приснилось:
Входит Иванушка в келью мою.
— «Ты, говорит он, Христу обручилась,
Я же тебя, как и прежде, люблю».
— Что ж, говорю я, мое обрученье?
Некую тайну вместить мне дано —
Он — как заря, ты — как снег в озарении,
Ты и Христос в моем сердце — одно.
Он говорит мне: «Пустое мечтание!»
Тут я открыла глаза.
Вижу — на небе зари полыхание,
В окнах морозовых веток сияние,
Льдинкой висит на ресницах слеза.

***

Расписала Аннушка игуменье писанку
Черною глаголицей: Христос воскрес!
По красному полю золотые листья
Золотые гвозди, и копье, и крест.

Все-то мы хлопочем, все-то украшаемся,
Писанки да венчики, пасхи, куличи,
В этих куличах-то все и забывается.
В сердце Божьей Матери стрелы и мечи.

Божий Сын во гробе, ангелы в смятении,
По церквям рыдальные гласы похорон,
Славят страсти Господа и Его терпение,
А у нас-то скалок, мисок перезвон.

***

Вот и кончилось мое послушание,
Отжала полосыньку до конца,
Приими, Господи, мое покаяние,
Не отжени от Твоего лица.

Призри на долгое мое смирение!
А если гореть повелишь в аду,
Пошли мне для адовых мук терпение:
С именем Твоим во ад сойду.

Глашенька, свечку зажги мне отходную,
Стань в головах, отпускную прочти —
Девичьи молитвы до Бога доходные.
Дурость мою и гневливость прости.

Нина Леонтьевна Манухина (девичья фамилия Лукина, по второму мужу Шенгели; 1893—1980) родилась на Украине, в Елисаветграде; в раннем детстве вместе с семьей переехала в Москву. Училась в I Московской гимназии. Одно из ее гимназических сочинений было перепечатано в «толстом» журнале — это и можно считать литературным дебютом. Первым браком была за доктором Сергеем Манухиным, впоследствии оставила эту фамилию как свое литературное имя. Единственный сборник стихов Н.Манухиной «Не то...» вышел в 1920 г. в небольшом городке Кашине, к северу от Москвы, где в ту пору семья спасалась от голода. В 20-е годы она была участницей «Никитинских субботников», печаталась в альманахах, часто выступала на модных тогда «вечерах поэтесс». В 1924 г. вышла замуж за поэта, переводчика, теоретика стиха Георгия Шенгели. В доме супругов бывал весь цвет столичной художественной интеллигенции — с 1925 года Г.Шенгели стал председателем Всероссийского Союза поэтов. Вскоре, под давлением все ужесточавшейся культурной политики, Нина Манухина полностью переключается на переводы (с туркменского, грузинского, литовского, — иногда в соавторстве с Г.Шенгели). Продолжала писать оригинальные стихи, но все они остались в рукописях.

Автопортрет

Намеренно простой и строгий туалет,
На выпуклых губах притушен след улыбки,
От загнутых ресниц трепещущий отсвет,
И карих глаз оливы странно-зыбки.
На худенькой руке запаянный браслет, —
Изменчивых опалов жуткие загадки
Напоминают про мистический обет,
Про подвиги любви, которой муки сладки.
Тембр голоса усталый и глухой,
Надломленность порывистых движений,
И, ради призрака мечты, безумной и больной,
Вся жизнь полна не чувств, а только отражений.

1920

***

Ночным медлительным покоем
Испепелен дневной костер,
И пчелы звезд лучистым роем
Усеяли небес шатер.
Расплывчато маячат зданья,
Струится сонно тишина.
Душа, набухши от страданья,
Опять тоской оглушена.
Прибои дней все монотонней,
Невнятней мысли и слова,
И равнодушье углубленней,
И ниже никнет голова.
И сердце в горестном уклоне
Не верит в боль звенящих строк...
И жизнь сквозь сжатые ладони
Сочится, как речной песок.

1922

Сочельник

Мамочке моей

Высятся пышного, невозмутимого снега сугробы.
Шепчет невнятно колючий, нахмуренный ельник.
Здесь, где лежишь ты, любимый, в крови и без гроба,
Справлю свой скорбный сочельник...
Свеч восковых затеплю огоньки синеватые
В бархате траурном сумрачной хвои;
Снежные хлопья нависнут пластами, как вата...
Все, как всегда... и у елки зажженной — нас двое...
Я расскажу тебе все, что сказать не успела...
Ты не смотри, что я плачу, — сейчас мне легко...
Вон догорела свеча и смолистая хвоя затлела, —
Дым, словно ладан, растаял, клубясь высоко...
Тихо... совсем незаметно стемнело...
Звезды осыпали небо... Вдруг благовест зло оборвал
                                        тишину...
Я разучилась молиться... Когда-то умела...
Бог все равно не услышал!.. оставил одну.

1920

***

Моей девочке

Больно думать, что после моей смерти
Ненужным станет все, дорогое мне:
Эта вазочка, письмо в лиловом конверте,
И гибкий плющ на окне.
Чужие руки потрогают безучастно
Бархатную маску, клочок черного банта...
И кто подумает, что они властно
Напоминали мне строки из Данта!
Смешная куколка покажется всем некрасивой,
Жалкою лента, что была темно-синей...
И никто не поймет их души пугливой,
Хрупкой, как серебряный иней...
И мои стихи, на морозном стекле узоры,
Пепельные одуванчики тоски моей, —
Как зябко вы съежитесь скоро
Под равнодушными взглядами людей!..

Усталая, вновь вижу неровные строки,
Молчаливо ласкаю вас, мои немые вещицы...
Маленькая моя, когда будет тебе одиноко —
Вспомни, что в них — меня есть частица.

1920

*С*усанна Георгиевна Мар (настоящая фамилия Чалхушьян; 1890—1965) родилась в Ростове-на-Дону. В 1920—1921 гг. входила в авангардистскую литературную группу «Ничевоки», из которой вышла, чтобы вступить в «Орден имажинистов». Мар была замужем за лидером ничевоков поэтом Р.Роком, а после разрыва с ним за поэтом и переводчиком И.Аксеновым. Единственный сборник ее стихов «Абем» вышел в Москве в 1922 г. Вошедшие в книгу стихи отмечены сильным влиянием имажинизма, выразившимся в образной системе, метрике, эпатирующем эротизме, текстуальных заимствованиях из стихов А.Мариенгофа. Одновременно в ее поэзии звучат ахматовские мотивы. В дальнейшем Сусанна Мар занималась переводческой работой. Известность приобрели ее переводы из английской, польской и литовской поэзии.

Публикуемые стихи взяты из сборника «Абем».

***

Доброй нянькой баюкает маятник
Времени вкрадчивый бег,
Расплескала ковшом из памяти
Последнюю ночь о тебе.

И уже не видеть, не слышать
Белых рук и серебряных строк,
Только рифмы взовьются выше
Словно птицы за душный порог.

За любовь, за ласки, за улыбки
В переплете радостном греха.
Расплачусь за все свои ошибки
Звонкою монетою стиха.

Август 1920

***

Причаститься бы губ твоих, Анатолий,
Тяжко умирать грешницей.
Со Святыми Дарами «Бесед Застольных»,
Соборуешь ли дни кромешные.

К распятью рук кипарисному
Приложиться в последний раз,
Даже у Елены не видел Парис
Таких голубых глаз.

Янтарем пронизаны ладони,
С кончиков пальцев сочится сказ.
В этой жизни, сошедшей со сцены Гольдони,
Рисовал тебя какой Богомаз?

Легким облаком дня не поднять,
Не вспугнуть ночь совиными криками,
Ну, кто же сумеет забыть меня,
Любившую тебя, Великого?

Причаститься бы губ твоих, Анатолий,
Страшно умереть грешницей.
Со Святыми Дарами «Бесед Застольных»,
Соборуешь ли дни кромешные.

Февраль 1921

Мальвина Мироновна Марьянова (1896—1972) прожила долгую жизнь, но как поэтесса участвовала в литературном процессе только в двадцатые годы. Лучшая книга «Голубоснежник» вышла в 1925 г., а в следующей, и последней — «Синие высоты» (1930) — уже виден слом поэтики, полная потеря собственного, хотя очень негромкого голоса.

Она родилась в г.Константинове Вологодской губернии, окончила гимназию в Житомире и потом посещала Высшие женские курсы в Киеве. В 1913 уехала в Италию и пробыла там больше года (посетила на Капри — Горького, а в Ницце — могилу Герцена). На обратном пути в Россию остановилась в Париже и Вене. В 1914 вернулась в Россию и поселилась в Петербурге. «Стала приобщаться к литературной жизни. ...По воскресеньям собирались на Черной речке у Иеронима Ясинского к его патриархальному пирогу, где велись литературные беседы, читались стихи». Познакомилась с Клюевым, Есениным, Пименом Карповым. В 1915—16 гг. участвовала в сборниках «Страда», издаваемых И.Ясинским, в 1916—18 гг. печаталась в журнале «Солнце России». В 1919 г. переехала в Москву и тогда же стихи ее были напечатаны в коллективном сборнике «Творчество». Вступила во Всероссийский Союз поэтов.

Первый сборник Мальвины Марьяновой вышел только в 1922 г. ,и он уместнее бы выглядел в художественном контексте предыдущих десятилетий: робкое подражание Бодлеру повторяло азы раннесимволистских штудий. Иван Рукавишников снабдил «Сад осени» предисловием, стилизованным под «стихотворения в прозе» М.Марьяновой, и книжка получилась цельной, хотя и несколько курьезной. Поэтические поиски М.Марьяновой продолжались: в сборнике «Ладья» (1923) принимается другой способ записи текстов, с разбивкой на короткие строки, — «стихотворения в прозе» безболезненно превращаются в верлибры. Когда лирические зарисовки поэтессы не пытаются притвориться философскими максимами и размышлениями, сквозь них просвечивает трогательный образ кроткой голубоглазой девушки, жалующейся на людскую черствость в стихах (т.е. в тех формах, которые ей самой казались стихами).

О доброте и влюбленности в чужое поэтическое слово вспоминали многие посетители «литературных четвергов» в доме Мальвины Марьяновой в Москве, на Молчановке. В разные годы здесь бывали Валерий Брюсов, Павел Васильев, даже Рабиндранат Тагор.

Сергей Есенин посвятил ей стихотворение, кончающееся строками: «То близкая, то дальняя, И так всегда. Судьба ее печальная — Моя беда».

Осень

Женщина в длинных одеждах. Лицо ее
закрыто.
Поднимаю покрывало. Вижу свое лицо.

1922

Живая и мертвая

Я сидела в твоей комнате и глядела, как ты
    задумчиво шевелил дрова в печи.
На стене увидела портрет — надменное лицо женщины.
Я сидела за твоим столом и глотала слезы.
Входили люди, спрашивали: — Скоро ли вернется
    ваша жена, грустно вам одному? —
Ты подозвал меня и тихо, тихо, чтобы никто не
услышал, шепнул: — Пойдем, покажу тебе, как уйти.
Я ушла.
Живая осталась на полотне.

1923

***

И.Р.

Тропинка. Лесенка витая.
Маячит терем колдуна,
И вьется, вьется золотая
Тропинка-лесенка витая.
Послушно песенки сплетая,
В ночи роняю сны. Без сна.
Тропинка. Лесенка витая.
Маячит терем колдуна.

1925

Вера Александровна Меркурьева (1876—1943).

«Полуседая и полуслепая, Полунемая и полуглухая, Вид — полоумной или полусонной, Не говорит — мурлычет монотонно, Но — улыбается, в елее тая... Ей весело цезуры сбросить пояс, Ей — вольного стиха по санкам полоз, Она легко рифмует плюс и полюс, Но все ее не, но, и без, и полу — ненужная бесплодная бесполость». Так начинается и кончается стихотворный автопортрет Веры Александровны Меркурьевой: это 1918 год, ей 42 года, она провинциалка из Владикавказа, одинокая, больная, только год, как перебралась в Москву. Своих стихов она не ценила, видела в них только вечную тему «мир велик, а я мал»; «однако с прибавлением: но я — мир», — убеждал ее Вячеслав Иванов.

В 1917—1920 гг. она жила в Москве, с восхищенным несогласием слушала Иванова, дружила с Эренбургом, знакома была с Бердяевым, Гершензоном, Чулковым, Мандельштамом, Цветаевой. Можно сказать: если вычесть из Цветаевой ее пафос самоутверждения, представить программными ее стихами «Пройти, чтоб не оставить тени...», то в остатке получится поэзия Веры Меркурьевой. За всю жизнь она напечатала лишь десятка полтора стихотворений — в московском «Весеннем салоне поэтов» (1918) и во владикавказском альманахе «Золотая зурна» (1926). Во Владикавказ она вернулась в 1920 г., зарабатывала уроками, голодала и холодала; в 1932 г. опять переселилась в Москву, переводила («Избранные стихотворения» Шелли, 1937, сурово осужденные за буквализм), жить ей помогали поэт-переводчик А.С.Кочетков с женой; с ними она в 1941 г., полуживая, уехала в эвакуацию и умерла в Ташкенте.

Стихи печатаются по публикации в журнале «Октябрь», 1989, № 5 (архив в ЦГАЛИ).

Как все

Евг.Архипову

— Живи, как все! — это мило,
Но я и жила как все:
Протянутая, шутила
На пыточном колесе.

Пройдя до одной ступеньки
Немой, как склеп, нищеты, —
Как все, я бросала деньги,
Голодная — на цветы.

Весь день на черной работе
Замаливала грехи,
Как все — в бредовой дремоте
Всю ночь вопила стихи.

Как все, любившему снилась
Тяжелым сном на беду.
За ярость дарила милость,
Как все — любовь за вражду.

Ступив своей жизни мимо,
Навстречу смертной косе —
Давно я живая мнимо
И только кажусь как все.

1922

Веселая
(Из цикла «Души неживых вещей»)

Черным окошко занавесила,
Белые две лампы зажгла.
Боязно чего-то и весело —
Не перед добрым весела.

За день-то долгий намаешься,
Ходишь по людям по чужим.
К маленьким пойдешь ли — спокаешься,
Вдвое спокаешься — к большим.

Дай-ка оденусь попригляднее,
В гости пойду к себе самой.
Будет чуднее и занятнее
Речи вести с самой собой.

— Милая, вы очень фривольная.
— Милая, я на колесе.
— Бедная, есть средства безбольные...
— Бедная, перепробованы все.

— Нежная, где друг опечаленный?
— Нежная, заброшен, забыт.
— Певчая, где голос ваш хрустальный?
— Певчая, хрустальный разбит.

— Порченая, знахаря надо бы.
— Порченая, знахарь-то — я.
— Гордая, есть пропасти адовы.
— Гордая, и там я своя.

— Грешная, а Бог-то, а любящий?
— Грешная. Знаю. Не дано.
— Нищая, на гноище, в рубище.
— Нищая, верно и смешно.

Что уж там громкие названия,
Жалкие жуткие слова.
Проще — бесцельное шатание,
Правильней — одно, а не два.

Сердце, разбившись, обнаружится
Обручем игрушки — серсо.
Весело взвивается, кружится,
Прыгает со мной — колесо.

17 декабря 1917

Варвара Александровна Монина (1894—1943) родилась в Москве, училась в частной гимназии Константи на историко-философском факультете Высших женских курсов, закончить которые ей не удалось. «Первое живое столкновение с интересующей областью — в 1918 году в студии стиховедения на Молчановке. Читают Брюсов, Андрей Белый, Вяч.Иванов. Однако символисты — очень чужды» (из автобиографии). Своими учителями и «старшими литературными родственниками» считала Б.Пастернака и Сергея Боброва (была несколько лет женой С.Боброва, но избежала прямого влияния его поэтики на свое творчество — не избежав, к сожалению, его деспотии в семейной жизни). Входила в объединения «Литературное звено», «Литературный особняк»; в 1920-м стала членом Всероссийского Союза поэтов (СОПО), где о ней все отзывались как о самой талантливой. Печаталась В.Монина немного: в 20-е годы появилось всего несколько стихотворений в журнале «Свиток», 1922, № 2, альманахе «Литературный особняк», 1921, № 1, 1929, № 2, сборнике «СОПО», 1921. Писала также прозу — рассказы «Корреспонденция ветру». «Свой зверь» и др. «Первое литературное пристрастие — Лермонтов», — любовь эту она сохранила на всю жизнь. Ольга Мочалова вспоминает, что когда Монина говорила о поэте, казалось, что вот раскроется дверь и войдет Лермонтов. Книг стихов у нее не выходило: многочисленные рукописные сборники хранятся в архиве С.Боброва и частных собраниях семьи («Музыка земли, 1919: «Стихи об уехавшем», 1919: «В центре фуг», 1923—24: «Сверчок и месяц», 1925—26 и др.).

Финал автобиографии

Из сборника «В центре фуг»

В ту ночь
Скорым отправив,
Всю жизнь близь,
Еще чувствуя
Ее на губах вкус,
И что вздрогнет еще рука, —
Разве уже не вправе я
Отправиться в крайний круг,
В Рай моей биографии?
Разве только
Мечта:
    «В горах
    Некоего Бахчисарая,
    Где нежность чиста, как свирель,
    В каменных гнездах стрижьих,
    Еще ближе:
    Где волны отшельничествуют,
    Отшельницей,
    Полной любовью,
    Музыкой ив гибкой,
    У губ твоих на краю,
    В дали любимой
    Погибла».

***

С.Боброву

Мастер!

Прости непокорную ученицу,
Через две
Ступеньки твоего ритма
Взбиравшуюся на высоты стиха.

Мастер!

Ведь это счастье —
Петь не совсем как птица.
Проверь
Сердце: горит
В высоких чистотах стиха.

Но такое же счастье
(Пусть «погибают цветы»)
Писать не совсем как ты —
Совсем не как ты,

Мастер!

Впрочем, Мир:
Как горит луна
У озера над тростниками,
Мир! мне, как Паганини —
Одна струна
Достаточна была — жить стихами:
Неумирающая — Лиры Лир.

***

Так сзывание гуся
На гусью речку:
— Гуси! гуси!
Летите!
Так сзывание грусти
На первую встречу:
— Грусть! войди!

Но войдешь —
Никуда не выйти —
За десять снежных кварталов
Тот же сон: вместе
Под руку, по снегу талому,
В пруд провожаем месяц.
В синем неба пожаре
Хруст.
Куст безутешен.
Прощались. Руки жали,
Нет, не жалел уст.
Оглянулся — платок побледневший.
За десять снежных кварталов
Также в снегу моих губ
Погибла тоска,
Также веянье вьюг
Берегла рука —
О, этот сон!
Его никогда не утрачиваешь
Ты, забывчивая память,
И грусть,
Как зов гуся,
Просачивается —
В явь.

Мария Магдалина Франческа Людвиговна Моравская — русская поэтесса, полька по национальности, католичка, родилась в Польше в 1889 году (31 декабря, стало быть, по новому стилю — уже в 1890-м). Семья была бедная, отец переменил много профессий, сохраняя неизменными только две страсти — любовь к путешествиям и любовь к изобретательству. На первое не хватало средств, для второго — образования. Мать умерла рано, когда Марии не было и трех лет, отец вскоре женился на сестре матери, и от этого брака было много детей. Не поладив с мачехой, в возрасте пятнадцати лет Мария ушла из дому. К этому времени семья уже лет десять как перебралась в Россию, в Одессу, и Мария, по ее собственному признанию, «обрусела настолько», что стала писать стихи исключительно по-русски: «Я очень радуюсь, что я — русский поэт, хотя знаю и ценю польскую литературу». Сборник 1915 г. «Прекрасная Польша» посвящен Адаму Мицкевичу; в разные годы она перевела много стихов польских поэтов. Одно время М.Моравская даже была «польской патриоткой», затем — стала социалисткой, во время первой революции подвергалась репрессиям, дважды — в 1906 и 1907 гг. сидела в пересыльной тюрьме. Стихи писала с детства, впервые напечатала их в шестнадцать лет в ученическом журнале «Свободная школа». Подрабатывала в одесских газетах, скрываясь за псевдонимами. С 1911 г. стала публиковаться уже под собственной фамилией в «Современном мире», «Аполлоне», «Русской мысли», «Вестнике Европы», в детских журналах. (Замужней фамилии не признавала никогда, и вообще свой недолгий брак считала «неприметной случайностью».) Ее книги — «На пристани», «Золушка думает», «Апельсинные корки» привлекли пристальное внимание критики (более 60 статей и рецензий, в том числе В.Брюсова). Софья Парнок писала, что главный пафос лирики Марии Моравской — «жалость к себе самой». Хрупкий, детски-обиженный голосок поэтессы, ломкие интонации ее дольников невозможно спутать ни с кем из акмеистов (Моравская прошла выучку в «Цехе поэтов»; ее назойливо и не вполне оправданно называли подражательницей А.Ахматовой, хотя с большим основанием можно было бы говорить о близости к Е.Гуро).

В 1917 г. Моравская поехала в Японию, потом в США, откуда отправилась в Латинскую Америку и читала в Чили лекции на испанском языке (словно исполняя мечту отца, доставшуюся ей в наследство — о дальних странствованиях). Она сотрудничает во многих американских журналах, пишет по-английски большую поэму «Черепичная тропка» и роман о петербургской жизни «Жар-птица» (вышел в 1927 г. в Нью-Йорке и Лондоне); разводит попугаев.

Стихи взяты из ее первого сборника «На пристани», 1914 (тема книги — тоска по экзотическим странам, стихотворение «Пленный» — об отце); «Золушка думает» 1916 (посвящена книга памяти Елены Гуро); из детской книжки «Апельсинные корки», 1916 (рисунки С.Чехонина, посвящена младшим братьям и сестрам, с которыми Мария Моравская не виделась с тех пор, как ушла из дома. «Мои любимые стихи», — так называет «Апельсинные корки» М.Моравская в письме к А.Туфанову).

Пленный

По праздникам он с утра был дома,
Садился на окованный сундук
И жаловался, как здесь все знакомо:
И все дома, и в скверах каждый сук.

Да, он уедет, далеко и скоро:
Он будет шкурками в Сибири торговать...
И, вышивая на канве узоры,
Насмешливая улыбалась мать.

А мы цеплялись за его колени...
Ах, много маленьких и цепких рук!
Он умолкал, и в мундштуке из пены
Огонек медленно тух...

И все мы знали: папа будет с нами,
Не отдадим его чужой стране.
А он разглядывал печальными глазами
Все тот же чахлый кактус на окне.

1914

Вечерние стихи

Из цикла «Золушка и принц»

Я песенки утром пою для детей,
А под вечер — пою для себя.
Я днем веселее, а под вечер нежней.
Я думаю в сумерки о сказке моей,
И детский смех тише...
Или я неясно слышу?

Ах, петь бы под солнцем о малых зайчатах,
Ах, петь на свету, и чтоб полдень был вечно!
Веселой, смешливою быть и беспечной,
Не помнить, не помнить о мглистых закатах...
Не думать бы в парке вечером росным,
О том, что я Золушка, грустная, взрослая.

***

Только женщины думают так безнадежно
О старости ранней,
Словно вся жизнь, вся жизнь безбрежная —
Одно лишь любовное свидание.

Только мы так встревожены каждой морщиной
И мужчинам этого не понять,
Какой улыбкой, горько-смущенной,
Встречают нежданную седую прядь.

Я спрятала свой первый седой волос,
Седой так рано — в двадцать лет!
И сегодня нашла. И словно укололась
Об этот маленький медальон-амулет...

Я три года седею, медленно седею,
Я морщинки заметила ранние...
И — я так ничтожна — мне это больнее
Всех моих душевных страданий.

Мои колокольчики

Из цикла «Обиды и утешения»

Лампа темная, комната большая,
Как мне тут не грустить?
Я не работаю, я не читаю,
Только б в колокольчики звонить!

Висят колокольчики на ленте,
Звенят в тишине, чуть заденете,
Как стадо барашков между гор...
От этого меньше горе.

***

Из цикла «Ужас материнства»

Я не хочу иметь детей, —
Моя мама умерла.
Я рук не целовала ей,
Ни разу кукол и сластей
Ей на показ не принесла...
Я не люблю матерей, —
Моя так рано умерла.

Я очень зябну. Я молчу.
Иду сквозь жизнь одна, сторонкой...
Но я ребенка не хочу,
Я завидовать не хочу
Моему маленькому ребенку!

Мечты

Ах,
Обижают меня постоянно...
Убегу в африканские страны,
Где пахучие зреют бананы,
Где катают детей на слонах.

Доберусь я до мыса Нордкапа,
Превращусь непременно в арапа,
Заведу себе лук и верблюда
И уже не приеду оттуда,
И домой никогда не вернусь —
Пусть!
Ну, а как же я буду в апреле
Без базара на вербной неделе?
Жалко также и новых коньков:
Там, пожалуй, не будет катков...
Жалко маму, котенка и братца...
Нет, уж лучше остаться...

Евдокия Аполлоновна Нагродская (1866—1930), дочь писательницы А.Я.Панаевой, получила широкую известность благодаря роману «Гнев Диониса» (1910), выдержавшему десять изданий. В этом произведении, так же как и в остальной своей прозе, Нагродская поднимает проблемы женской эмансипации, в частности, рассматривает борьбу между волей женщины к творчеству и властью материнства. Единственный поэтический сборник Нагродской «Стихотворения» вышел в 1911 г. Стихи Нагродской, не выходящие за рамки усредненной женской лирики, оживляют конкретные детали петербургского пейзажа, легкая ироничность, тематическое разнообразие, включающее такую примету времени, как кинематограф.

Публикуемые стихи взяты из сборника «Стихотворения».

Мефистофель

Чувство серьезно мое — я не лгу.
Все это может любовью назваться,
Но почему я боюсь — не могу
Этой любви беззаветно отдаться?
«Некто в пурпурном берете» стоит предо мной.

Нету насмешки в лице у него,
Злобы, коварства не видно,
Он никогда не сказал ничего,
Что было бы больно... обидно.
Но лишь взгляну на него, сердце так странно и душно
                                                    сожмется.
Он же спокойно стоит предо мной и добродушно смеется...
                                                    Смеется!

✱✱✱

Мы с тобой по мокрой шли панели
Под дождем, в тумане — шли без цели.

Зонтик мы открыть не догадались,
Мы дождю и ветру улыбались.

Как красивы огоньки трамвая!
Как блестит вся в лужах мостовая!

Как изящна фонаря колонна!
На углу городовой похож на Аполлона.

В мире зла теперь не существует!
Враг врага, раскаявшись, целует.

Нет болезней, смерти, воздыханий,
Нету голода, насилия, страданий!

Мир проснулся к жизни лучшей, новой...
Мы с тобою где идем? По небу или по Садовой?

Ида Моисеевна Наппельбаум — ровесница века. Старшая дочь известного художника-фотографа М.Наппельбаума, она провела детство в Минске, а юность в Петербурге, где окончила гимназию В.Хитрово, а затем училась в Институте истории искусств, работала фотографом, занималась литературным трудом. В 1920—1921 гг. она посещала студию Н.Гумилева при петроградском Доме Искусств. Параллельно со студийными занятиями в квартире Наппельбаумов устраивались литературные понедельники, на которых, наряду с начинающими поэтами, читали стихи А.Ахматова, А.Радлова, Ф.Сологуб, Н.Клюев. Впервые стихи И.Наппельбаум были опубликованы в 1922 г. в сборнике группы студийцев «Звучащая раковина». Ее первый поэтический сборник «Мой дом» вышел в 1927 г. на средства автора, а последующий «Отдаю долги» — лишь в 1990 и тоже за авторский счет.

Умерла Ида Моисеевна в 1992 г. в Петербурге.

Для поэзии И.Наппельбаум характерен неженский подход к типично женским темам, строгий отбор слов, продуманность композиции. Опытный глаз фотографа помогает ей находить точные детали, видеть привычные вещи в необычном ракурсе. Влюбленность лирической героини ее стихов в плоть земли соседствует с духовными исканиями, верой в светлое начало, заложенное в человеке.

Публикуемые стихи взяты из сборника «Мой дом».

***

Помню детство свое без иконы
Без молитвы и праздничных дней,
Вечера были так благовонны
Без пахучих субботних свечей.

Никогда не была в синагоге
И в мечеть не входила босой,
Только жутко мечтала о боге,
Утомившись тоскою ночной.

И теперь у меня нет святыни,
Не вхожу я на паперть церквей,
И веселый приход твой отныне
Стал единственной пасхой моей.

1921

***

За облаками реет авиатор,
Высок Икара восковой полет,
Кто соблазнен дорогою крылатой,
Тяжелым шагом по земле идет.

И только женщине дана отрада
Всю силу рук мужских узнать,
В пустую радость падать, падать
До черного, до злого дна.

Глотать струю бегущих комнат,
Ловить упрямый, терпкий взгляд.
И только помнить, помнить, помнить,
Что нет пути, пути назад.

Фредерика Моисеевна Наппельбаум (1901—1958) — младшая сестра Иды Наппельбаум. Она окончила гимназию В.Хитрово и вместе с сестрой пришла заниматься в студию Гумилева при Доме Искусств. Фредерику считали музой «Звучащей раковины». Именно такую надпись сделали молодые поэты на ее экземпляре сборника стихотворений студии. Писать стихи Фредерика начала с девяти лет. Писала всю жизнь, но редко и мало, по вдохновению. Единственный поэтический сборник Фредерики вышел в 1926 г. тиражом в 300 экземпляров. Современники сравнивали ее поэзию с голосом арфы в оркестре, отмечая чистоту звука, глубину и ясность мысли.

Публикуемые тексты приводятся по сборнику «Стихи» (Л., 1926) и неопубликованному сборнику, хранящемуся в архиве И.Наппельбаум.

***

Над лампою зеленый абажур,
На бронзовых часах заснул амур
В гирлянде бледно-золотых цветов:
Заманчивые белые листки
Хранят невидимые завитки
Еще не совершившихся стихов.
И, ослепленный, слушает Эдип
Пера еще не прозвучавший скрип,
Как будто время изменило шаг,
И стрелкою хотя не подан знак,
А в темной комнате разлит волной
Полуночный нетерпеливый бой.

Март 1921

Пейзаж с качелями

Качели взвились. И, на миг замирая,
Почти вертикально дрожала доска.
А небо шумело от края до края,
И в небо полями бежала река.

Чьи руки впились в золотые канаты?
Чей стан перегнулся над черной землей?
Не ясно, не видно... Но, верно, крылатый,
Но, верно, бездумный, иль просто шальной.

И в чьих-то глазах распахнулась как рама
Кудрявая бездна в тени облаков,
Откуда деревни летели скачками,
Как чахлые стаи пугливых щеглов.

И рухнуло все. Но к чему эта зависть?
И разве и ты не проникнешь до дна
Своими раскрытыми в сумрак глазами,
Как рушатся будни в пролете окна.

1928

В 1913 г. в московском издательстве «Скорпион» вышел поэтический сборник «Стихи Нелли», посвященный поэтессе Надежде Львовой. Открывался сборник сонетом В.Брюсова «Нелли», обращенном к автору стихов. В этом же году одно стихотворение Нелли было опубликовано в сборнике «Крематорий здравомыслия», выпущенном умеренной футуристической группой «Мезонин поэзии». Годом позже в сборнике «Избранные стихотворения русских поэтов» было напечатано шесть стихотворений Нелли. Автором этой литературной мистификации был В.Брюсов. Любопытно, что одна из рецензий на «Стихи Нелли» принадлежала возлюбленной Брюсова Надежде Львовой, которая, поддержав мистификацию, расточала похвалы новой поэтессе, сумевшей найти свои особые слова для выражения женской темы, и назвала отдельные стихи Нелли, «где бешеный ритм города сливается со слабым стоном тоскующей женщины» — великолепными. Созданный Брюсовым образ светской поэтессы, смело рассказывавшей о своих любовных приключениях и переживаниях, отчасти варьировал героинь поэз И.Северянина, одна из которых носила то же имя.

Публикуемые стихи взяты из сборника «Стихи Нелли».

Из моих наблюдений

IV

В дождевом тумане улица.
Я смотрю в седую даль.
Как на смутную мечту лица
    Сквозь вуаль...

Роковая усыпальница,
Твердь, — в покровах полотна...
Встань скорей, земли печальница,
        Ты, луна!

Ах, порвав объятья савана,
Выпив дождь, как сладкий мед,
Тайну сумрачных отрав она
        Нам вернет!

И, в петлице с веткой жимолости,
Город ночи, словно вор,
Обратит к домам терпимости
        Хищный взор.

История моей любви

VIII

Мой мальчик, мой милый, мой маленький,
Как сладко тебя целовать!
Твой рот, словно розанчик аленький,
Губами жестокими жать!
Ты смотришь в глаза с недоверием,
Твой взор — как лиловый цветок.
Пойми, что к волшебным преддвериям
Привел нас властительный Рок.
И я не ждала, не надеялась,
Меж нами был темный туман,
Но черная туча развеялась,
И золотом мир осиян.
Означились краски рассветные,
Пророча прозрачные дни.
О, где твои губы ответные,
Доверься, отдайся, прильни!
Не надо ни страха, ни ропота,
Для нас нет дороги назад.
Смотри, как от нежного шепота
Весенние ветви дрожат!

Евдоксия Федоровна Никитина (1895—1973) родилась в Ростове-на-Дону. В 1914 г. окончила историко-филологическое отделение Высших женских курсов в Москве, занималась педагогической работой. В 1919 в Ростове-на-Дону опубликовала свой единственный сборник стихов «Росы рассветные», отличительной особенностью которого было разнообразие ритмического рисунка и строфики. С 1914 г. на московской квартире Никитиной проходили литературные собрания, получившие с 1921 г. название «Никитинских субботников». В 1921 г. она организовала одноименное кооперативное издательство, просуществовавшее до 1931 года. Никитина получила известность как автор биографических и справочных работ по русской литературе. Ей принадлежит также сборник «Сказки и рассказы для детей» (М., 1920).

Публикуемые стихи взяты из сборника «Росы рассветные».

Там и здесь

Там — алая капелька крови...
Смято, покорно упало крыло.
Здесь — низко опущены брови:
Счастье, как призрак, бесследно ушло.

Там — с тихим укором,
угасшим взором
юные годы
в низкие своды
ты погребла.

Здесь — скользкою змейкой,
грустной жалейкой
доносится эхо
раскаты смеха:
«Жизнь умерла!»

Там — в лунном холодном мерцанье
Гимн смерти безлик и бесстрастен,
Здесь — в солнце объятьях — сиянье,
Вопль жизни над бездной напрасен.

1919

Росы рассвѣтныя

Росы рассвѣтныя...
Ласки приветныя
В полночи час...
Жутко былинке...
Слеза по тропинке
Льется из глаз...

Дунул ветер предрассветный,
Загорелся самоцветный
Жемчуг в тех очах.
Отозвался луч приветный:
Не остался безответным
Поцелуй в устах.

Был видений полон вечер...
Путь наш освещен,
И в душе растаял глетчер.
Челн наш оснащен.
Мы плывем навстречу свету,
Отблеск я ловлю.
Купол звезд не даст ответа,
— Отчего люблю?

Ирина Владимировна Одоевцева (Ираида Густавовна Гейнике, 1901—1990) родилась в Риге в семье адвоката. Входила во второй «Цех поэтов», в группу «Звучащая раковина», где пользовалась особой благосклонностью Н.Гумилева. Печаталась в сборниках «Дом искусств» и «Звучащая раковина», незадолго до эмиграции выпустила стихотворный сборник «Двор чудес» (Пг.,1922). В 1923 г. вместе с мужем, поэтом Георгием Ивановым, уехала через Берлин в Париж; печатала стихи в различных журналах, но переключилась главным образом на прозу (романы «Ангел смерти», 1927; «Изольда», 1931; «Оставь надежду», 1954 и др.). К стихам вернулась уже в послевоенное время, выпустив несколько небольших сборников, включавших наряду с новыми текстами переработанные редакции ранних произведений. В Париже написана также мемуарная дилогия И.Одоевцевой «На берегах Невы» и «На берегах Сены». Кроме лирических стихов с акмеистическим привкусом сочинила несколько длинных забавных баллад, сюжетно привязанных к первым послереволюционным российским годам. Неуклюжесть русского лубка, подпрыгивающий ритм, рискованный, на грани графоманства, синтаксис, особенно ново — почти нелепо — выглядели на фоне гладкописи акмеистов второго призыва, предваряя позднейшие опыты не только обэриутов, но и современных поэтов-концептуалистов. В 1987 г. Ирина Одоевцева вернулась в Петербург (еще Ленинград), успела увидеть издание своих произведений на родине.

***

Вечера в январе
Тяжелы, как быки.
Воет пес на дворе
От жестокой тоски.

И голодных ворон
Слышен крик у окна.
Легкий скрип, легкий звон
И опять тишина.

Я крещу потолок
И углы и окно.
Слышу, шарканье ног,
Но бояться смешно.

И встает за окном белый зимний рассвет...
Ни печального в мире, ни страшного нет.

Апрель 1923

***

Летала, летала ворона,
Долетела до широкого Дона,
А в Дону кровавая вода,
Не идут на водопой стада
И в лесу кукует не кукушка,
А грохочет мортирная пушка.
Через Дон наводят мосты
И звенят топоры и пилы,
Зеленеют братские могилы,
На могилах деревянные кресты...
А вороне какое дело?
Взмахнула хвостом и домой улетела.

1922

Баллада о извозчике

Георгию Адамовичу

К дому на Бассейной шестьдесят
Подъезжает извозчик каждый день,
Чтоб везти комиссара в комиссариат —
Комиссару ходить лень.
Извозчик заснул, извозчик ждет,
И оба ждут, и оба спят:
Пора комиссару в комиссариат.
На подъезд выходит комиссар Зон,
К извозчику быстро подходит он,
Уже не молод, еще не стар,
На лице отвага, в глазах пожар —
Вот каков собой комиссар.
Он извозчика в бок и лошадь в бок
И сразу в пролетку скок.

Извозчик дернет возжей,
Лошадь дернет ногой.
Извозчик крикнет «Ну!»
Лошадь поднимет ногу одну,
Поставит наземь опять,
Пролетка покатится вспять,
Извозчик щелкнет кнутом
И двинется в путь с трудом.
В пять часов извозчик едет домой,
Лошадь трусит усталой рысцой,
Сейчас он в чайной чаю попьет,
Лошадь сена пока пожует.

На дверях чайной — засов
И надпись: «Закрыто по случаю дров».
Извозчик вздохнул: «Ух, чертов стул!»
Почесал затылок и снова вздохнул.
Голодный извозчик едет домой,
Лошадь снова трусит усталой рысцой.
Наутро подъехал он в пасмурный день
К дому на Бассейной шестьдесят,
Чтоб везти комиссара в комиссариат —
Комиссару ходить лень.

Извозчик уснул, извозчик ждет,
И лошадь спит и жует.
И оба ждут, и оба спят:
Пора комиссару в комиссариат.
На подъезд выходит комиссар Зон,
К извозчику быстро подходит он,
Извозчика в бок и лошадь в бок
И сразу в пролетку скок.
Но извозчик не дернул возжей,
Не дернула лошадь ногой.
Извозчик не крикнул «Ну!»
Не подняла лошадь ногу одну,
Извозчик не щелкнул кнутом,
Не двинулись в путь с трудом.
Комиссар вскричал: «Что за черт!»
Лошадь мертва, извозчик мертв!
Теперь пешком мне придется бежать
На площадь Урицкого пять».

Небесной дорогой голубой
Идет извозчик и лошадь ведет за собой.
Подходят они к райским дверям:
«Апостол Петр, отворите нам!»
Раздался голос святого Петра:
«А много вы сделали в жизни добра?»
— «Мы возили комиссара в комиссариат
Каждый день туда и назад,
Голодали мы тысячу триста пять дней,
Сжальтесь над лошадью бедной моей!
Хорошо и спокойно у вас в раю,
Впустите меня и лошадь мою!»

Апостол Петр отпер дверь,
На лошадь взглянул: «Ишь, тощий зверь!
Ну, так и быть, полезай!»
И вошли они оба в Божий рай.

1922

*Н*адежда Александровна Павлович (1895—1979) родилась в Лифляндской губернии. Училась на Высших женских курсах в Москве. Впервые выступила со стихами в 1911 г. Ее цикл «Лазаретные стихи», в которых нашли отражение события Первой мировой войны, был опубликован в «Первом сборнике группы молодых поэтов» (М.,1914). Стихи Павлович печатались также в сборниках и альманахах «Сполохи», «Альманах муз», «Записки мечтателей», «Северные дни». Поэтесса была знакома со многими выдающимися литературными и религиозными деятелями своего времени, в том числе с А.Блоком, о котором оставила воспоминания, Брюсовым, отцом П.Флоренским. Она увлекалась старчеством, совершала поездки в Оптину пустынь. В 1920 г. Павлович была избрана в правление Всероссийского Союза поэтов и участвовала в организации петроградского отделения союза. В начале двадцатых годов она выпустила два сборника стихов: «Берег» (1922) и «Золотые ворота» (1923). Писала и стихи для детей.

Для поэзии Павлович, близкой к блоковской традиции, характерны полутона, намеки, мягкий лиризм, обилие литературных реминисценций, в частности, из блоковской поэзии.

Публикуемые стихи взяты из сборников «Берег» и «Золотые ворота».

***

Снова жег мне чей-то взор затылок,
Снова холод подымался со спины,
Ангел огромный, грознокрылый
Встал в снопе голубизны.

Мир разъят, а умереть не смею,
Потолок качнулся и поплыл...
Только веет, веет, пламенеет
Шелест ширящихся крыл.

Где слова, чтобы сказать Такому:
Лучезарный, Он слепит меня!
И душа пылает, как солома,
В вихре Божьего огня.

1918

***

Друга нежнее и смерти тише
Подойди, постучи у моих ворот.
Видишь, бесшумно по черной крыше
Белой кошкой месяц ползет.

Лунатик выходит, и прячутся воры
В косую и узкую тень;
И обиды, и песни, и споры
— Все унес отошедший день.

Не боюсь я полуночной встречи,
— Мне дневная наскучила ложь,
Ты положишь мне руки на плечи
И с собою меня уведешь.

София Яковлевна Парнок (настоящая фамилия Парнох) (1885—1932) родилась в Таганроге. После окончания местной гимназии год жила в Швейцарии, где училась в Женевской консерватории, по возвращении в Россию занималась на Бестужевских курсах. Печатать стихи начала с 1906 г. С 1913 сотрудничала в журнале «Северные записки», где кроме стихов публиковала переводы с французского и критические статьи. В 1914 познакомилась и подружилась с М.Цветаевой, которая посвятила ей цикл стихотворений «Подруга». Первый сборник «Стихотворения» вышел в Москве в 1916 г. В 1917 уехала в Крым, в Судак, где прожила до начала двадцатых годов. Вернувшись в Москву, занималась литературной и переводческой работой. Была одним из учредителей объединения «Лирический круг» и кооперативного издательства «Узел». Выпустила в Москве четыре сборника стихов: «Розы Пиэрии» (1922), «Лоза» (1923), «Музыка» (1926), «Вполголоса» (1928). Парнок не примыкала ни к одной из ведущих литературных группировок. Она критически относилась как к новейшим течениям в современной ей литературе, так и к традиционной школе. Ее поэзию отличает мастерское владение словом, широкая эрудиция, музыкальный слух. Поэтесса А.Герцык выделяла в поэзии Парнок «бесприютный, вечно скитальческий гордый дух», стремление «усмирить, заковать женскую душу со всеми ее противоречиями в суровый мужественный стих», а большой друг Парнок Максимилиан Волошин видел своеобразие лирического голоса поэтессы в сочетании задумчивости с экстазом, в «пронзительности всех слов, касающихся любви и ее ран».

***

Девочкой маленькой ты мне предстала неловкою.
Сафо

«Девочкой маленькой ты мне предстала неловкою» —
Ах, одностишья стрелой Сафо пронзила меня!
Ночью задумалась я над курчавой головкою,
Нежностью матери страсть в бешеном сердце сменя, —
«Девочкой маленькой ты мне предстала неловкою».

Вспомнилось, как поцелуй отстранила уловкою,
Вспомнились эти глаза с невероятным зрачком...
В дом мой вступила ты, счастлива мной, как обновкою:
Поясом, пригоршней бус или цветным башмачком, —
«Девочкой маленькой ты мне предстала неловкою».

Но под ударом любви ты — что золото ковкое!
Я наклонилась к лицу, бледному в страстной тени,
Где словно смерть провела снеговою пуховкою...
Благодарю и за то, сладостная, что в те дни
«Девочкой маленькой ты мне предстала неловкою».

В концерте

Он пальцы свел, как бы сгребая
все звуки, — и оркестр затих.
Взмахнул, и полночь голубая
спустилась вновь на нас двоих.

И снова близость чудной бури
в взволнованном кипеньи струн,
и снова молнии в лазури,
и рыщет по сердцу бурун.

Он в сонные ворвался бездны
и тьму родимую исторг.
О, этот дивный, бесполезный,
опустошительный восторг!..

К твоим рукам чужим и милым
в смятеньи льнет моя рука,
плывет певучая по жилам
тысячелетняя тоска.

Я вновь создам и вновь разрушу,
и ты — один, и я — одна...
Смычки высасывают душу
до самого глухого дна.

1916

***

Не придут и не все ли равно мне, —
вспомнят в радости, или во зле;
под землей я не буду бездомней,
чем была я на этой земле.

Ветер, плакальщик мой ненаемный,
надо мной вскрутит снежную муть...
О, печальный, далекий мой, темный,
мне одной предназначенный путь!

1917

*Е*лизавета Григорьевна Полонская (настоящая фамилия Мовшензон; 1890—1969) родилась в Варшаве, окончила гимназию в Петербурге. В период революции 1905 г. участвовала в марксистских кружках, занималась пропагандистской работой. В 1907 г. уехала во Францию, где училась в медицинской школе Сорбонны в Париже. Полонская свела знакомство с парижскими литературными кругами, общалась с «королем поэтов» П.Фором и Г.Аполлинером. В 1915 г. она вернулась в Россию, была фронтовым врачом. В 1920—1921 гг. Полонская занималась в студии «Всемирной литературы» в Петрограде у Н.Гумилева и К.Чуковского. Стихи Полонская начала писать с 13 лет, но ее первый поэтический сборник «Знамения» вышел лишь в 1921 г. За ним последовали книги стихов «Под каменным дождем» (1923) и «Упрямый календарь» (1925). В начале двадцатых годов Полонская входила в литературную группу «Серапионовы братья», принимала участие в работе первого Петроградского Союза поэтов. Она приобрела широкую известность как переводчик западноевропейской поэзии, в частности, Р.Киплинга. Ей принадлежат одиннадцать книжек для детей.

Оригинальные стихи Полонской отмечены влиянием акмеизма, выразившимся в четкости деталей, скупости изобразительных средств, ясности языка. По звучанию ряд ее стихов напоминает прозу, чему способствует прием переноса из строки в строку. В то же время ощутимо тяготение поэта к жанру баллады с динамичным сюжетом.

Публикуемые стихи взяты из сборников «Избранное» (М.,1966) и «Под каменным дождем» (П.,1923).

Под яблонями Лотарингии

Хрипел санитарный фургон у ворот
И раненых выгружал...
Носилки стояли за рядом ряд,
Где вход в перевязочный зал.

Четвертые сутки дежурство несем,
И свет в глазах потемнел,
Но не иссякает на белых столах
Поток окровавленных тел.

В ушах гремел непрерывный гром,
Когда ж, удивясь тишине,
Я к яблоням вышла, теплым дождем
Обрызгало губы мне.

1915

* * *

Одни роптали, плакали другие,
Закрыв лицо, по каменным церквам...
Но старый бог смиреннейшей России, —
Он предал вас, он не явился вам.

Так некогда на берегу Днепра
Священный истукан вы призывали втуне
И, гневные, пророчили — Пора!
Пора быть чуду! Выдыбай, Перуне!

* * *

Не стало нежности живой
И слезы навсегда иссякли.
Теперь одно: кричи и вой!
Пылайте словеса из пакли!

Пока не покосится рот,
И кожа на губах не треснет,
И кровь соленая пойдет,
Мешаясь с безобразной песней!

*Н*аталья Юлиановна Поплавская, старшая сестра известного поэта русского зарубежья Бориса Поплавского, автор одной книги — «Стихи зеленой дамы», вышедшей в Москве в 1917 г. Одно из стихотворений Поплавской «Ты едешь пьяная и очень бледная» стало достоянием городского фольклора. Другое, не вошедшее в сборник стихотворение «Попугай Флобер», получило известность благодаря исполнению А.Вертинского. В 1917—1920 гг. Поплавская читала свои стихи в литературных кафе, участвовала она и в «Вечере поэтесс», прошедшем в Большом зале Политехнического музея в декабре 1920 г. Об этом вечере написала выступавшая на нем М.Цветаева в очерке «Герой труда». Из-за неустроенной личной жизни Поплавская пристрастилась к кокаину и в начале двадцатых годов уехала к родителям за границу, где вскоре умерла от туберкулеза.

Основная тема поэзии Поплавской — любовные переживания рефлексирующей, близкой к миру искусства женщины, у которой недостает воли, чтобы разорвать кольцо грубых мужских объятий. Лирическая героиня поэтессы мечтает «о друге печальном и нежном, утомленно-красивом и изысканно-хрупком», но эти мечты разбиваются о безжалостную действительность.

Публикуемые стихи взяты из сборника «Стихи зеленой дамы».

На мотив Н.Львовой

Со всех сторон нас жгут и жадное желание
И страстная мольба и нежность робких глаз,
И нам не бросить «нет» извечному страданию,
И мы несем свой крест под тяжестью склонясь.

О, крест любви! Его любовь мужская
Не может знать. Он наш — и только наш.
А если стонем мы под ним изнемогая,
Они нам говорят «истерика и блажь».

Мы только женщины, и, корчась в страстной муке,
Пред жаждою мужской не можем устоять
И всем мы отдаем трепещущие руки
И губы красные, бессильные проклясть.

Нам не порвать кольца пылающих желаний,
Нам не найти пути потерянного вновь,
И распинает нас, истерзанных страданьем
На огненных крестах, Владычица — Любовь.

***

Ты едешь пьяная и очень бледная
По темным улицам, домой, одна.
И странно помнишь ты скобку медную
И штору синюю его окна:

И на диване подушки алые
Духи L'Orsay, коньяк Martel.
Глаза янтарные, всегда усталые,
И губ распухших горячий хмель.

Пусть муж обманутый и равнодушный
Жену покорную в столовой ждет.
Любовник знает — она послушная,
Молясь и плача, опять придет.

Анна Дмитриевна Радлова, урожденная Дармолатова (1891—
1949) впервые выступила со стихами в журнале «Аполлон» в 1915 г.
Ей принадлежат три стихотворных сборника: «Соты» (1918), «Корабли» (1920), «Крылатый гость» (1922). В начале двадцатых годов Радлова входила в группу эмоционалистов, возглавлявшуюся М.Кузми-
ным, содержала в Петрограде литературный салон.

Стихи Радловой отличаются холодной пластичностью. Для поэтессы характерен интерес к мистическому сектантству, особенно ярко
выраженный в пьесе в стихах «Богородицын корабль» (1922). Хлыс-
товская тема у Радловой органично сплавлена с античным дионисий-
ством и одновременно проецирована на современность. Вихрь раде-
ний поэтесса сопрягает с разрушением Рима и с постигшими Россию
социальными катаклизмами. Начиная с двадцатых годов, Радлова
выступает и как переводчик западноевропейской поэзии. Широкую
известность получили ее переводы шекспировской драматургии.

Публикуемые стихи взяты из сборников «Корабли» и «Крылатый гость».

***

Старая земля, новый колос,
Старые слова, новый голос —
Хлеб, любовь, кровь.
Ныне из плена шарманки,
Слезливых глаз и блудливых сердец
Вырвался голос Ромео, Гракха и Ганнибала —
Смерть, где твое жало?
Слово, горит твой венец!

Лето 1919

***

Л.Д.Блок

Молчи о любви своей и муку
Ковром узорчатым не расстилай под ногами,
Не мани меня Амальфийскими садами,
Где теплые от солнца померанцы сами падают в руку,
И в францисканском монастыре вот уже семьсот лет
Колокола поют: динг-донг, динг-донг.
Нет!
Не пойду я с тобою, нету слуха

Для любимого звона и для слов любовных —
Я душою тешу Святого Духа,
Что мне в твоих муках греховных?
Глаз нет, чтоб садами любоваться,
Рук нет, чтоб с тобою обниматься,
А ночью, когда я иду по волчьей поляне,
Что городом прежде была и свищет бессилье,
Ветер и беды,
За плечами моими бьются крылья
Самофракийской Победы.

Январь 1921

Анна Регат — под таким псевдонимом писала до революции Елена Михайловна Тагер (1895—1964). Ее стихи появились в 1915 г. в «Ежемесячном журнале», студенческом сборнике «Арион» (Пг.,1918), и в других немногих и малотиражных изданиях. Елена Тагер училась на историко-филологическом отделении Бестужевских курсов; вместе со своим мужем, Г.Масловым, входила в Пушкинское историко-литературное общество при Петроградском университете. (Георгий Владимирович Маслов, талантливый поэт и литературовед, погиб в 1920г. в Белой армии в Красноярске. Елена Михайловна бережно хранила его литературное наследство.) В 1918—1922 гг. Е.Тагер работала в различных учреждениях; в 1938 г. была арестована и много лет находилась в ссылке (Колыма, Дальний Восток, Алтай, Северный Казахстан). После возвращения в Ленинград переиздала вышедшую в 1929 г. книгу о русском Севере — «Зимний берег», написала повесть о русском путешественнике Афанасии Никитине, работала над большим романом о В.Жуковском, публиковала в журналах очерки и рассказы, переводила фольклор северных народов.

Стихи Елены Тагер, созданные в зрелые годы, известны читателю по немногим посмертным публикациям («День поэзии», 1965). Остаются до сих пор неизданными в полном объеме ее мемуары о встречах с А.Блоком, О.Мандельштамом.

Стихи из сборника «Арион», Пг., 1918.

***

Я надышалась туберозой,
Впитала в душу сладкий яд.
Немой и жалобной угрозой
Глаза усталые горят.
О, девушки, какая сила
В изломе вялых лепестков!
Я так же белый плащ носила,
Не знала пламенных оков.

Но чары нет неотразимей
Мерцаний яда в том саду,
Куда зашла тропой незримой,
Где я была... куда приду...

***

Стадо вернулось с ревом и стоном,
Пылью покрытое липко-рыжей.
Тянет гармоника вой исступленный,
    Танец бесстыжий.

Смуглые бабы, мерно гуторя,
День свой окончили, полный шума.
Господи, сколько в России горя,
    Страшно подумать!

Сколько проехали мы селений,
Изб простых, резных и узорных,
Старых церквей, волостных правлений,
    Въезжих и сборных.

Каждый дом — что темная келья,
Каждое сердце в саван одето.
Нету в России, нету веселья,
    Радости нету.

***

Деву святую писал богомаз,
Умер, и лик оставался без глаз.

Кто-то для церкви купил и сказал:
«Тот, кто захочет, увидит глаза».

В церковь вошла молодая жена,
Сердце изменой казнила она.

Видит тоскливо невидящий взгляд:
Девы незрячие очи горят.

Кто-то знакомый, такой же слепой,
С горечью горькой и с болью тупой.

Радость нашла молодая жена
В белых и страшных глазах полотна.

***

Свете Тихий
Святыя Славы!

Синий ладан
Струится долу,
Свет вечерний
Сияет в окнах.

Страстотерпец,
Святый Крепкий,
Святый Бессмертный,
Спаси, помилуй
Слабых, унылых,
Скорбящих в работе тяжелой
Скорбью телесной.

Свет небесный,
Смири мне сердце,
Спаси, помилуй
Силой чудесной!

Лариса Михайловна Рейснер (1895—1926) родилась в Польше. Окончила Психоневрологический институт в Петербурге. Дебютировала в печати пьесой «Атлантида», опубликованной в 1913 г. в альманахе «Шиповник». В 1915—1916 гг. вместе с отцом, известным профессором-правоведом и публицистом М.А.Рейснером, издавала журнал «Рудин», к сотрудничеству в котором привлекала молодых поэтов. В 1916—1917 гг. сотрудничала в журнале «Летопись» и газете «Новая жизнь». В дальнейшем была комиссаром морского генерального штаба, принимала участие в революционных событиях в Германии, работала в составе советской дипломатической миссии в Афганистане. Автор ряда книг очерков.

Поэтическое творчество Рейснер отмечено сильным влиянием русского и западноевропейского символизма. Она пробовала себя в различных жанрах, писала сонеты, революционные гимны, сатирические стихи.

Публикуемые стихи взяты из журнала «Рудин», 1915, № 1 и 2.

Сонет

Рудину

Страдания последний монолог,
Живой обман, на истину похожий,
Становится печальнее и строже
И, наполняя болью каждый слог

Уходит, как освобожденный бог,
Склониться у неведомых подножий.
Но ты — другой. Как нищий и прохожий,
Поэзии непонятой залог.

Всегда один, смешон и безрассуден,
На баррикадах умер Рудин.
Когда-нибудь нелицемерный суд

Окончит ненаписанные главы —
И падших имена произнесут
Широкие и полные октавы...

Художнику

Сегодня Вы опять большой, как тишина...
Исполнены томлений и корысти
На полотне бесшумно спорят кисти
И тайна творчества загадки лишена.

Час набегающий, — обетованный дар,
Он — обещание, залог, измена,
До боли переполненная вена,
С трудом несущая замедленный удар.

Палитру золотит густой, прозрачный лак,
Но утолить не может новой жажды;
Мечты бегут, не повторяясь дважды,
И бешено рука сжимается в кулак.

Апрельское тепло не смея расточать,
Изнеможенный день пошел на убыль.
А на стене все так же мертвый Врубель
Ломает ужаса застывшую печать.

Но есть предел желаний и труда, —
Смеется на холсте лицо Горгоны,
Смеется гибельно, превозмогая стоны,
Как под ударами гремящая руда!

Ольга Васильевна Розанова (1886—1918) родилась в деревне Маленки близ Владимира. Училась в художественной школе А.Большакова и Строгановском училище в Москве, затем в школе Е.Званцевой в Петербурге. С 1912 г. состояла в группе художников-авангардистов «Союз молодежи». С этого же года оформляла книги поэтов-футуристов, главным образом А.Крученых, в письмах к которому 1916—1917 гг. посылала свои стихотворные опыты. Крученых был первым, кто опубликовал стихи Розановой в своих рукописных книжечках «Балос» и «Нестрочье», вышедших в Тифлисе в 1917 г. А в типографском издании «Ожирение роз» (Тифлис, 1918) он называет Розанову среди талантливых поэтов-заумников. В 1919 г., уже после смерти художницы, несколько ее стихотворений было напечатано в московской газете «Искусство».

Поэзию Розановой отличает интерес к словотворчеству и фонетическим экспериментам. В ряде стихов ощутимо влияние Е.Гуро, которую Розанова высоко ценила.

Публикуемые стихотворения взяты из газеты «Искусство» (М.,1919, № 4). Стихотворение «Испания» исправлено по автографу.

Испания

Вульгарк ах бульваров
Варвары гусары
Вулье ара бит
А рабы бар арапы
Тарк губят тара
    Алжир сугубят
    Ан и енно
    Гиенно
    Гитана
Жиг и гит тела
Визжит тарантелла
Вира жирн рантье
    Антиквар
    Шмара
    Квартомас
    Фантом
Илька негра метресса
Гримасы
Гремит
Гимн
Смерти

Трупом застылым
Глядит незримо
Мертвое око окон.
    Черной гривой
Покрыл землю аспидный конь.

***

Сон ли то...
Люлька ли
В окне красном
Захлопнутом
В пламени захлебнувшемся
Кумача
Огня
Медленно качается
Приветливо баюкает
Пристально укутывает
От взглядов дня.
В огне красном
С фонарем хрустальным
Рубиновый свет заливает, как ядом
И каждый атом
Хрустально малый
пронзает светом
Больным и алым
И каждый малый
Певуч, как жало,
Как жало тонок,
Как жало ранит
И раним
Жалом
Опечалит
Начало
Жизни.

Вера Ивановна Рудич (1872 — после 1940) родилась в Петербурге. Окончила гимназию и курсы сестер милосердия. Работала наборщицей в типографии, а затем корректором в газете «Новое время». Публиковать стихи начала с 1894 г. Ее первый сборник «Стихотворения» вышел в Петербурге в 1902 г. Второй — «Новые стихотворения» (С-Пб.,1908) был удостоен Пушкинской премии Академии наук. За ним последовали еще три книги стихов. Последний «Пятый сборник стихов» (Пб.,1914) был сопровожден предисловием и портретом автора.

Стихи Рудич, написанные в традиционной реалистической манере, пользовались успехом как у читателей, так и у критики, отмечавшей свободное владение словом, высокий технический уровень, требовательный вкус. Основные темы ее стихов — сельская природа, будни трудящейся женщины, любовь. Поэтесса трактует любовную страсть как Божье наказание, под гнетом которого женщина теряет душевное равновесие, свободу и волю, столь необходимую ей для завоевания своего места под солнцем.

Рудич увлекалась теософией, принимала участие в литературном кружке «Пятницы К.К.Случевского». Широкую известность ей принесла автобиографическая повесть «Ступени», повествующая о том, как с возрастом у независимой женщины меняется отношение к любви. После революции 1917 г. Рудич отошла от литературы и поселилась в родовой усадьбе на Волыни. Последние сведения о ней относятся к осени 1940 г. По некоторым данным (воспоминания О.Рисса), она вернулась в Ленинград, работала корректором.

Публикуемые стихи взяты из книги «Пятый сборник стихов».

∗∗∗

О страсть нежданная последнего порыва,
Последнее «хочу» в огне любимых глаз!
Любовь, любовь моя, о как же ты красива,
Когда горишь в последний раз.
Страданье прочь смело весь прах желаний жадных,
В одно слились в тебе любовница и мать,
И к жизни стала ты из пыток беспощадных,
Чиста и девственна опять.

***

О вы, чье сердце старости боится!
Она придет, как ласковая мать,
И скажет: «Солнце ласково садится,
Пора усталым за день спать!

Лампаду я затеплю у иконы,
Завешу окна, притушу огни:
Читай молитву. Положи поклоны
И всех, кто дорог, помяни.

Не плачь, не бойся, что кругом темнеет,
Закрой глаза, — я рядом посижу.
Покуда сон тебя не одолеет,
Я сказку старую скажу.

Не плачь, вернешься ты опять к забавам,
За этой ночью снова будут дни.
Теперь же росы падают по травам,
Усталым спать пора. Усни!»

Маргарита Васильевна Сабашникова (1882—1973) родилась в Москве в купеческой семье. Детство провела за границей, много путешествовала по России. Занималась живописью и иконописью. В 1905 г. познакомилась с Р.Штейнером и стала убежденной приверженицей антропософии. В 1906 г. вышла замуж за М.Волошина, вместе с ним переехала в Петербург и поселилась на «Башне» Вяч.Иванова. Сложные отношения с Л.Зиновьевой-Аннибал и Вяч.Ивановым, за которого после смерти Лидии Сабашникова надеялась выйти замуж, привели в конечном счете к разрыву брачных уз с М.Волошиным, что не мешало бывшим супругам поддерживать приятельские отношения. В период Первой мировой войны Сабашникова жила в Швейцарии, принимала участие в постройке Гетеанума в Дорнахе. После Февральской революции вернулась в Россию, откуда уехала в Германию в конце 1922 г. В эмиграции Сабашникова занималась религиозной и светской живописью. Ей принадлежит книга воспоминаний (1954).

Стихи Сабашниковой, написанные под влиянием увлечения Вяч. Ивановым и его теорией дионисийства, были опубликованы в альманахе «Цветник Ор.Кошница первая» (1907). В 1913 г. вышла книга Сабашниковой «Святой Серафим», представляющая популярное изложение биографии знаменитого русского святого, деяния которого послужили основой для поэмы М.Волошина «Святой Серафим».

Из цикла «Лесная свирель»
1

Посвящение

Что мы посеяли туманною весною,
Сквозь темныя, светясь, восходит времена.
Душа уязвлена твоей красой страстною!
В ней скорбь твоих полей и полдней тишина, —

Убор багровых рощ, смарагдный пламень льна,
Дымки незримых сел над синевой лесною,
И просветленный сад под дымкою цветною,
И от сухих листов — пьянящий дух вина.

Когда крестил закат леса огнем и кровью,
И по пустым полям трубил охоты рог, —
В Софроновском лесу за поднятою новью,

Увенчан жертвенно, явил мне бледный бог
В чадящем пламени и шелесте поверий
Таинственный залог весенних Анфестерий.

Лес

По ветвям над смольной мглою темнокрылый бог
Прокатил по скользким хвоям, на сосне возлег,
Обратил к закату бледный и звериный лик...
Сиротливый, слитный, медный стал в трущобах крик.

В долгом вое шорох хвои, рокот и прибой;
Стонет лес многоголосый, чуткий и глухой.
И горит венец граненый в заревых камнях;
И огонь в тоскливом взоре, и огонь в перстнях.

У царя в гудящей хвое не мое ль лицо?
Не царево ли на пальце у меня кольцо?
Рысий бог в венце огнистом, ты ли внемлешь мне?
Я ль дремлю, дремлю — и слышу медный стон в огне?

От меня ты Слова хочешь, мой лесной двойник?
Ты к моей душе душою, как к ключу, приник!
Жалит зовом взор горящий — голос скован мой...
Кто здесь темный? Кто здесь зрящий? Вещий, — и немой?

В 1913 г. в журнале «Сатирикон» стали появляться стихи за подписью: Анжелика Сафьянова, которые одни воспринимали как пародию на женскую будуарную поэзию, а другие как настоящие лирические стихи. Годом позже подборка стихов этой поэтессы была опубликована в журнале В.Шебуева «Весна», охотно предоставлявшем страницы пробам пера молодых авторов. В 1916 г. с образцом творчества Сафьяновой можно было встретиться в журнале «Рудин». В 1917 за этой подписью вышел стихотворный фельетон «О старце Григории и русской истории», бичующий Распутина и кабинет министров, и, наконец, в 1918 в Москве, в мифическом издательстве «Зеленый остров» была опубликована книга под названием «История и стихи Анжелики Сафьяновой с приложением ее родословного древа и стихов, посвященных ей». Стихам предшествовала романтическая история встречи некоего господина с неизвестной красавицей, обронившей томик Петрарки, в который были вложены страницы с ее собственными стихами. Затем вниманию читателей предлагались «Документы и комментарии, к сему случаю относящиеся», включавшие, в частности, родословное древо поэтессы, являющейся внучатой племянницей Козьмы Пруткова, и «Комментарии современников», из которых выяснялось, что читатель имеет дело с литературной мистификацией. Вслед за стихами Сафьяновой следовали стихи четырех поэтов, ей посвященные, и послесловие, в котором молодой поэт Л.Никулин (1891—1967) признавался, «что все стихи, приписываемые Анжелике Сафьяновой и другим поэтам и поэтессам, написаны им».

Публикуемые стихи взяты из журнала «Рудин», 1915, № 1, и книги «История и стихи Анжелики Сафьяновой».

Intime
(Вариант)

Я очень мечтаю о лирике смерти,
Какой-то простой и печальной;
О траурной рамке на белом конверте,
О крепе, о ризе венчальной.

Я очень мечтаю о лирике ночи
В степи, над зеленым бурьяном:
Какой-то родной и внимательный Зодчий
Расставил курган за курганом.

Я очень мечтаю о пыльной дороге,
О парке, о музах в пыли, —
Но белые ниши оставили боги,
И бледные музы ушли.

Ответ на посвящения

У Петрарки
Есть прекрасные строки о нежности,
Начинаются, кажется, так: «В неизбежности
Дня и ночи, как опытный маг,
Я предвижу...»
       Забыла...
Удивительно ярки
У Петрарки
Слова о волнующей нежности,
И, когда я мечтаю о том, что Лауре,
Одной лишь Лауре, —
Эта тысяча песен, сплетенных экстазом, —
Я страдаю... Мне хочется бури,
Я сдвигаю взволнованно брови
И вонзаю булавку с топазом,
И царапаю руки до крови...
....
Ну а вы... «Молодые поэты»,
Анжелике создать триумфальные арки
Не дано вам и нужно ли это?
Вы, — увы...
Не Петрарки...

Нина Яковлевна Серпинская (1893—1955) — поэтесса и художница, красивая легкомысленная дилетантка, оставила воспоминания «Мемуары интеллигентки двух эпох» (1932, не опубликованы), описывающие быт и нравы русской богемы начала XX века. Одна из глав мемуаров, посвященная ее личной жизни, называется «Вкривь и вкось». Немного иначе, но по сути — весьма похоже озаглавлена единственная книжка стихов Нины Серпинской: «Вверх и вниз» (М.,1923). И стихи, и мемуарная проза сосредоточены вокруг одной темы: интимные любовные переживания, составляющие главный смысл существования Серпинской.

Она родилась в Париже в семье политэмигранта. Отец, Яков Николаевич Серпинский, русско-еврейского происхождения, был инженером-химиком. Мать — Надежда Владимировна Станиславская, полька. По возвращении семьи в Москву Нина Серпинская училась в гимназии Ржевской, но вскоре была вынуждена прервать обучение и систематического образования не получила. Семейная трагедия перевернула всю ее жизнь: в 1905 г. ее мать была отдана под суд и получила 20 лет каторги за соучастие в умышленном убийстве сестры, богатой тетки Н.Серпинской. Родственники увезли тринадцатилетнюю девочку в Женеву, где она жила в различных пансионах. Вернувшись в Москву и получив небольшое наследство, Нина Серпинская стала вести жизнь дамы «полусвета», пробовала писать стихи (с 1910 г.), училась живописи в школе-студии Юона, училась даже у Татлина, но важнее для нее стала другая школа. Она становится завсегдатаем вернисажей и премьер, концертов, вечеров, театриков-кабаре, знакомится со «знаменитостями» (дружила с художником Г.Якуловым, виделась с В.Брюсовым, В.Маяковским, В.Ходасевичем). В стихах 1918—21 гг. рассказана история недолгого романа с «партийным начальником», привнесшим в ее жизнь и в ее поэзию приметы нового времени. Переплетение богемной психологии и «строчек Маркса, падающих на кровать», — смешной и грустный итог ее творчества.

Сегодняшний любовник

Н.В.М.

Он заходит раз в месяц случайно с заседаний,
Рот его пахнет дымом и гарью речей,
Скрывая растущее в душе отчаянье,
Поцелуи бросаю острей и звончей.

Строчки Маркса падают на кровать из карманов,
Большие идеи, равенство всех людей...
Мои ласки их на момент унесут, одурманя,
Чтоб после им всплыть еще ясней.

Разойдясь, мы порознь оба мечтаем
О солнце, весне, итальянских днях,
И оба тяжело и упорно знаем,
Что нашим жизням это недоступно сейчас!

Сентябрь 1918

Покинутость

Н.В.М.

Сейчас ничему не удивляюсь,
Больше никого не жду.
Утром одеваясь,
Знаю, что ночью усну.

Жизнь стала трезвой, строгой,
Размерены все часы.
Мы отказались от многого,
Отменив романтизм мечты.

И все же, когда как в тумане
Всплывают твои черты,
В читанном вместе романе
Пытаюсь тебя найти.

Декабрь 1918

Ушедшему

Н.В.М.

Вы, бежавший на Запад
От наших железных тисков,
Неужели Вы не слышите запах
Простых деревенских снопов?

Неужели Вы не видите руки
Окровавленных трудом людей,
Неужели Вы не слышите стуки
Сердец, не спавших ночей?

1921

Поликсена Сергеевна Соловьева (1867—1924), писавшая стихи под псевдонимом Allegro, была дочерью известного историка С.М.Соловьева и сестрой выдающегося философа и поэта Вл.Соловьева. Она получила домашнее образование, затем несколько лет занималась в Школе живописи, ваяния и зодчества. С 1885 г. ее стихи начали появляться в популярных журналах. Соловьева вошла в литературные круги, посещала «пятницы» К.Случевского. В 1899 г. вышел ее первый сборник «Стихотворения», снабженный авторскими иллюстрациями. За ним последовали поэтические книги «Иней» (1903), «Плакун-трава» (1909), «Вечер» (1914), «Последние стихи» (1923). В течение семи лет (1906—1912) П.Соловьева совместно с Н.Манасеиной издавала детский журнал «Тропинка», к сотрудничеству в котором привлекла лучшие литературные силы своего времени.

Пронизанная философскими мотивами поэзия Соловьевой отличается духовной цельностью. Героиня ее стихов стремится отдать свои силы служению Всевышнему, отказавшись от плотской близости с возлюбленным во имя высшей теургической любви. Соловьевой принадлежит также стихотворная повесть «Перекресток» (1913), посвященная сестрам Гиппиус, в которой поднимаются вопросы женской эмансипации; пьеса в стихах «Свадьба солнца и весны» (1909) и стихи для детей.

Стихотворения публикуются по сборникам «Иней» и «Вечер».

Огненный холод

Встала смерть, как заря. В непроглядные очи
    Заглянули мы.
Мимо шли осветленные инеем ночи
    Забытой зимы.
Ядом сладостным медленно плыл острый холод,
    Плыл со всех сторон.
Таял страх. Каждый понял, что он вечно молод
    И вечно влюблен.
Чем вокруг становилось белей, холоднее,
    Тем жарче сердцам.
Я тех слов, что ты мне прошептала, бледнея,
    Земле не отдам.

***

Мы живем и мертвеем.
Наше сердце молчит.
Мы понять не умеем,
Что нам жизнь говорит.

Отчего мы стыдимся
Слов нескромной весны?
Отчего мы боимся
Видеть вещие сны?

Наша радость застыла
В темноте и пыли,
Наши мысли покрыла
Паутина земли.

Но душой неусталой
Мы должны подстеречь
Для любви небывалой
Небывалую речь.

Любовь Никитична Столица, урожденная Ершова (1884—1934) родилась в купеческой семье. Окончила историко-филологическое отделение Высших женских курсов. Первые стихи Столицы появились в 1906 г. в журналах «Современный мир», «Современник», «Нива», «Новое вино». Столице принадлежат поэтические сборники «Раиня» (1908), «Лада» (1912), «Русь» (1915). Основная тема поэзии Столицы — воспевание языческой Руси, которую поэтесса воспринимает как буйную, необузданную стихию. Ряд стихов Столицы были положены на музыку А.Гречаниновым и Р.Глиэром.

Столица принимала участие в женском движении, сотрудничала в журналах «Женское дело», «Мир женщины», «Современная женщина». В последнем она опубликовала статью «Новая Ева», посвященную различным типам раскрепощенной женщины, стремящейся к равноправию с мужчиной во всех сферах жизни. Этой же теме посвящена и ее поэма «Елена Деева» (1916), написанная по образцу «Евгения Онегина». Героиня поэмы, познав все соблазны большого города и разочаровавшись в жизни и в любви, подобно кавалерист-девице Дуровой переодевается в мужское платье и, оседлав коня, отправляется сражаться на германский фронт. Столице принадлежит также ряд пьес, ставившихся в Камерном театре и «Летучей мыши» Н.Балиева, и критических статей о поэзии. В 1920 г. она эмигрировала и поселилась в Болгарии.

Публикуемые стихи взяты из сборников «Лада» и «Раиня».

Из цикла «Хмелевые песни»

3

Средь златого сада,
Вкруг большого дуба
Ходим мы два Лада,
Два родные Люба.

Крепко так прижались
Нежными плечами
И в одно смешались
Мягкими кудрями.

Угадайте, люди,
Кто из нас двух дева?
Малы обе груди,
Круглы оба чрева.

Сами мы забыли,
Сами уж гадали,
Девушка — не ты ли?
Юноша — не я ли?

Кто стыдится больше?
Оба лика алы.
Кто целует дольше?
Ах! Обоим мало...

Средь златого рая,
Вкруг большого древа
Ходим мы, играя,
Юноша и дева.

Голубые взгляды.
Розовые губы.
Лад не старше Лады.
Люб не краше Любы.

Семик

Как наденут весенние долы
Свой цветами затканный подрясник,
Дружно справят веселые села
Стариной установленный праздник,

На зеленом лесном перекрестке
Девки русые в розовом ситце
Убирают тряпицей березки,
Приготовясь плясать и кумиться.

В стороне собралися ордою
Их кудрявые рыжие братцы,
Затевая лапту с чехардою
И шутя принимаются драться.

А в глуши, завивая веночки,
Уж гуляют влюбленные пары
И на каждой целуются кочке,
Румяны от стыда и загара.

Ввечеру же туман полушалком
В серебристом лежит перелеске,
И проказничать любо русалкам
В росном плеске и месячном блеске!

Евгения Михайловна Студенская родилась в семье известного петербургского врача М.И.Шершевского; во втором браке была женой профессора-германиста Брауна, преподавателя Петербургского университета, ученого, переводчика. Биографических сведений о ней практически нет, год рождения неизвестен; умерла она около 1906 г. Возможно, была она в родстве с семьей приват-доцента Военно-медицинской академии А.А.Студенского. У нее не выходило книг, публикации в журналах тех лет малозначительны — это, в основном, переводы. Кроме одной — да и это тоже не оригинальное произведение, а перевод немецкого поэта Рудольфа Грейнца. И тем не менее строки эти остались и в русской литературе, и в русской истории.

В конце января 1904 г. и Россия, и весь мир были потрясены героической гибелью крейсера «Варяг», команда которого предпочла затопить судно, но не сдать его в плен японцам. Существует много стихотворных откликов, прославляющих подвиг русских моряков, но народной песней суждено было стать только одному.

(Позже японцы подняли «Варяг» со дна моря и переименовали его в «Сойя». В 1916 г. Россия выкупила корабль и возвратила ему название. В октябре 1917 г. он уже плавал под красным флагом. В 1918 «Варяг» погиб вторично от немецкой подводной лодки в Ирландском море.)

Печатается по: «Новый журнал иностранной литературы, искусства и науки», 1904, №4.

Варяг

Наверх, о, товарищи, все по местам!
Последний парад наступает!
Врагу не сдается наш гордый «Варяг»,
Пощады никто не желает!

Все вымпелы вьются, а цепи гремят,
Наверх якоря поднимая,
Готовятся к бою орудий ряды,
На солнце зловеще сверкая.

От пристани верной мы в битву идем
Навстречу грозящей нам смерти,
За родину в море открытом умрем,
Где ждут желтолицые черти!

Свистит, и гремит, и грохочет кругом
Гром пушек, шипенье снаряда,
И стал наш бесстрашный, наш верный «Варяг»
Подобным кромешному аду!

В предсмертных мученьях трепещут тела,
Вкруг грохот, и дым, и стенанья,
И судно охвачено морем огня,
Настала минута прощанья.

Прощайте, товарищи! С богом, ура!
Кипящее море под нами!
Не думали мы еще с вами вчера,
Что нынче уснем под волнами!

Не скажут ни камень, ни крест, где легли
Во славу мы русского флага,
Лишь волны морские прославят вовек
Геройскую гибель «Варяга»!

1904

Елизавета Стырская выпустила в 1922 г. в Москве сборник стихов «Мутное вино», после чего вышла замуж за поэта-сатирика Эмиля Кроткого и исчезла с литературного горизонта. Немногочисленные рецензии на книгу, одна из которых появилась в имажинистском журнале «Гостиница для путешествующих в прекрасном», были резко отрицательны. Единственная тема стихов Стырской — физическая близость с мужчиной. Трактовка этой темы начисто лишена характерной для поэзии начала века мистики и эстетизма. С редкой для женщины прямотой и искренностью Стырская описывает процесс страсти, обильно уснащая свои стихи натуралистическими подробностями. Такой подход сближает ее отчасти с М.Шкапской, однако в отличие от последней стихи Стырской лишены религиозного начала.

Публикуемые стихи взяты из сборника «Мутное вино».

***

Душит вновь горячая петля
Сердце, руки, голову и шею.
Все равно, куда летит земля
И какое небо голубеет.

Брошена в подушки головой.
Выгнуто стремительное тело.
Я да ты изломанной чертой
Вычерчены страстью на постели.

Ты да я, и я да ты, и лижут
Ночи нас и простынь полотно.
Все равно в Сахаре иль в Париже
От любви и душно и темно.

Кровь густа — расплавленное слово,
Кровь крепка, ах, я все об одном:
Страстью запрокинутые головы
Налиты не мыслью, а огнем.

Это пламя никогда не стынет,
Не задуют ветры и снега,
Не засыплют и пески пустыни
Женщины, раздетой донага.

***

Кто может песней передать,
Как косточка твердеет в вишне?
С какой тревогою возвышенной
Плода движенье чует мать?

Как золотится апельсин,
Сжимая кожей запах острый?
И почему у женщин ноздри
Дрожат от близости мужчин?

Какая в темном сердце муть,
Когда девчонка, вдруг, стыдливо
Свою нащупывает грудь,
Смешную, твердую, как слива?

Как вы, веселый острослов,
Все забываете остроты,
Вливая в губы, точно в соты,
Мед с губ, как пчелка мед с цветов.

Маргарита Марьяновна Тумповская (1891—1942) родилась в Петербурге, окончила стоюнинскую гимназию и Бестужевские курсы. Стихи начала писать с четырнадцати лет. Печаталась в журнале «Аполлон», альманахах «Весенний салон поэтов» и «Дракон». Среди ее друзей были М.Цветаева, О.Мандельштам и К.Чуковский. В 1930-е годы Тумповская занималась переводами французской и английской классической драматургии — Расина, Мольера, Корнеля, Шекспира. Умерла в Андижане, где во время войны находилась в эвакуации.

Публикуемые стихи взяты из сборника «Весенний салон поэтов» (М.,1918) и альманаха «Дракон» (П.,1921).

Мысли

Вера его, как страдальческий крест.
Гордому страстно молиться...
Столько любимых мест
Отчеркнуто на страницах.
Исповедь в мерной риторике фраз.
Четкой, как кружево чисел.
Вот научаюсь я в первый раз
Плакать над мыслями.
Что, если в Божьей стране Благодать
Душу его не постигнет?
Мне ли, покорной, ответа ждать
От этой суровой книги...
Упокой, Господи, душу
Блеза Паскаля!
Сегодня сердце послушно
Чужой печали.

1916

Закат

Могучий хвост купая в бездне вод
И в небе разметав блистательную гриву,
Он умирал.
Над ним обширный свод,
Подобие палатки прихотливой,
Коврами пышными и пухом райских птиц
Был тщательно разубран.
Мы ж, во прахе
Простертые, пред ним лежали ниц,
И до тех пор в благоговейном страхе
Покоились, пока резец серпа
Не врезался в лазурь небесного герба.

1921

эффи — такой псевдоним взяла Надежда Александровна Лохвицкая (по мужу Бучинская; 1872—1952), поскольку настоящей фамилией подписывалась сестра Мария — поэтесса Мирра Лохвицкая. Талантливые сестры Лохвицкие, дворянки, петербурженки, красавицы, родились в профессорской семье, стихи сочиняли еще гимназистками. Но Надежда стала печататься много позже, в 1901 году, следуя давнему семейному уговору входить в литературу «по очереди». Забавная подпись «Тэффи» (так звали девочку-шалунью, дочку первобытного человека у Киплинга) вполне соответствовала изящному и игривому стилю юмористических рассказов. Писательница работала много и легко, печатая в «Биржевых новостях», а потом в «Русском слове» еженедельные фельетоны — была преимущественно «газетным автором». Но материалы нарасхват брали и журналы. Популярность ее была необыкновенная. В 1910 году вместе с двухтомником рассказов были выпущены духи «Тэффи» (мемуаристика и иконография запечатлели импозантную внешность писательницы, способную украсить этикетку любой парфюмерной продукции). Тогда же, на пике славы, появился и поэтический сборник «Семь огней». У лирики обнаружился новый читатель: талант Тэффи повернулся другими гранями. Грациозный юмор, составляющий главную прелесть прозы, совершенно не допускался в поэзию (исключение — произведения Тэффи в сатирических журналах первой русской революции). Меланхолически-томные, чуть театральные, словно рассчитанные на мелодекламацию стихи (сама Тэффи любила исполнять их под гитару, несколько текстов выбрал для своего репертуара А.Вертинский), нарочитой «литературностью» оттолкнули В.Брюсова и привлекли Н.Гумилева. Потом книги Тэффи выходили почти каждый год, но опять — проза; рассказы смешные, остроумные, все чаще — иронично-грустные. В 1918 году она вынуждена была бежать: Киев, Крым, Константинополь, Берлин, Париж. В Париже осталась навсегда. Успех и признание сопутствовали ей и в изгнании. Всего Тэффи издала около тридцати книг, половину — в эмиграции. Среди них еще два поэтических сборника— «Шамрам» (Берлин, б.г.) и «Passiflora» (Берлин, 1923).

***

Мы тайнобрачные цветы...
Никто не знал, что мы любили,
Что аромат любовной пыли
Вдохнули вместе я и ты!

Там, в глубине подземной тьмы,
Корнями мы сплелись случайно,
И как свершилась наша тайна —
  Не знали мы!

В снегах безгрешной высоты
Застынем — близкие-чужие...
Мы — непорочно голубые,
Мы — тайнобрачные цветы!

***

Н.М.Минскому

Есть у сирени темное счастье —
Темное счастье в пять лепестков!
В грезах безумья, в снах сладострастья,
Нам открывает тайну богов.

Много, о много, нежных и скучных
В мире печальном вянет цветов,
Двулепестковых, четносозвучных...
Счастье сирени — в пять лепестков!

Кто понимает ложь единений,
Горечь слияний, тщетность оков,
Тот разгадает счастье сирени —
Темное счастье в пять лепестков!

Монахиня

Вчера сожгли мою сестру,
    Безумную Мари.
Ушли монахини к костру
    Молиться до зари...
Я двери наглухо запру.
    Кто может — отвори!

Еще гудят колокола,
    Но в келье тишина...
Пусть там горячая зола,
    Там где была она!..
Я свечи черные зажгла,
    Я жду! Я так должна!

Вот кто-то тихо стукнул в дверь,
    Скользнул через порог...
Вот черный, мягкий, гибкий зверь
    К ногам моим прилег...
Скажи, ты мне принес теперь
    Горячий уголек?

Не замолю я черный грех —
    Он страшен и велик!
Но я смеюсь и слышу смех,
    И вижу странный лик...
Что вечность ангельских утех
    Для тех, кто знал твой миг!

Звенят, грозят колокола,
    Гудит глухая медь...
О, если б, если б я могла
    Сгорая умереть!
Огнистым вихрем взвейся, мгла!
    Гореть хочу, гореть!

1910

***

На острове моих воспоминаний
Есть серый дом. В окне цветы герани...
Ведут три каменных ступени на крыльцо...
В тяжелой двери медное кольцо...
Над дверью барельеф: меч и головка лани,
А рядом шнур, ведущий к фонарю...
На острове моих воспоминаний
Я никогда ту дверь не отворю!

София Захаровна Федорченко (1880—1959) родилась в Петербурге. Училась на юридическом факультете Киевского университета. В 1914 ушла на фронт сестрой милосердия. В 1917 выпустила принесшую ей широкую известность книгу «Народ на войне», в которой представлены сочные образцы солдатского фольклора. Писала и публиковала сказки в стихах и прозе. Ее единственный стихотворный сборник сказка-поэма «Пять ветров» вышел в 1925 г. в кооперативном издательстве «Узел», в создании и работе которого она принимала деятельное участие. В двадцатые — начале тридцатых годов Федорченко выпустила около ста книг для детей. В дальнейшем работала над исторической прозой.

Стихи Федорченко восходят в народному русскому фольклору. Она широко использует сказовые зачины, повторы, постоянные эпитеты, архаическую лексику.

Публикуемые стихи взяты из книги «Пять ветров».

Пять Ветров
Сказка-поэма
1

Дело то было у синих морей,
Дело то было у черных гор,
Будто в тех морях чуда-рыбы,
Будто в тех горах дивы-звери,
Будто и не так,
Будто и так.
А у нас речки-ручеечки,
А у нас леса-перелески,
А у нас холмы да могилы,

А у нас луга да долины,
Во реках — ерши да плотичка,
Во лесах — ежи да лисичка,
Во лугах — мыши да зайчата,
При старухах не ветры, а ребята.
Как над белым светом стоит солнце красно,
Как над белым светом ясный месяц ходит,
А по белу свету ветры вьются,
Вольной волею вьются и неволей.
    Неволей, материным приказом.
    А живет Ветрова Матерь у моря,
    На седом на каменьи в пещере,
    И в пещере еще в древней щели.
        По жильцу — житье,
        По житью — жилы,
        Кому рублены хоромы,
        Кому каменно щелье.
Как иная старуха до ста годков,
— А Ветрова Матерь до спокон веков,
Как иная старуха живет с пахарем,
— А Ветрова Матерь с черным знахарем,
У иной у старухи при коленях серый кот,
— А у Ветровой Матери под пятою рак живет,
Как иную старуху куцый пес бережет,
— А Ветрову Матерь долог змей стережет.
Как иная старуха щербата дуга,
— А Ветрова Матерь ясна радуга,
У иной старухи глаза киснут,
— А у Ветровой Матери в глазах искры,
Как иная старуха сипит совой,
— А Ветрова Матерь гремит грозой,
Как иная старуха сказки сказывает,
— А Ветрова Матерь буйным ветрам приказывает,
Как иная старуха совсем без волос,
— А у Ветровой Матери пять долгих кос,
    На каждой на косе по сыну,
    По сыну, по буйному ветру.
    Как один ветер от синих морей,
    А другой от широких степей,
    Третий ветер от зеленых лесов,
    А четвертый от полночи,
    Пятый ветер от полудня.

$\mathcal{E}$лена Константиновна Феррари — она же Ольга Федоровна Голубева (1899—1939), поэтесса и писательница, чье имя и судьба совершенно исчезли бы для советских литературоведов, если бы не ее недолгая эпистолярная дружба с классиком и основоположником соцреализма А.М.Горьким. «Горьковедов», разумеется, мало интересовало творчество Феррари, а сам Горький как-то проговорился, что испытавает к ней симпатию, несмотря на ее биографию, чем чрезвычайно обидел своего адресата (Е.Феррари писала в ответ: «Мне очень больно, если вам, чтобы хорошо относиться ко мне, нужно вычеркнуть мою биографию»). По всей видимости, речь шла о ее героической деятельности во время Гражданской войны, когда Е.Феррари работала в большевистском подполье на территории оккупированной немцами Украины, потом вела пропагандистскую работу в армии; награждена была орденом Красного Знамени. Далеко не все нравилось Горькому и из написанного Е.Феррари: в 1922 г., оказавшись в Берлине и сблизившись со многими находившимися там русскими литераторами, писательница стала, по словам В.Шкловского, «леветь с каждым днем». Рассказы ее Горький иногда хвалил (хотя и не печатал), а стихи критиковал за неточные рифмы и «неточные ритмы». Поэтесса же пыталась объяснить, что отступления от «пушкинского пути» и от классической формы не всегда свидетельствуют о небрежности и неумелости поэта, и что после Пушкина были еще и Хлебников, и Пастернак. А новые рифмы, ритмы — «вроде открытых окон: постоянно дует». Вскоре в поэзии Е.Феррари подул настоящий «футуристический сквозняк»: в стихи на турецкие темы она без перевода включала иностранные слова, которые воспринимались как заумь («хлыстовство», — сказал Горький). Эти стихотворения были опубликованы только в переводе на итальянский (сб. «Prinkino», Roma, 1925), а в России, куда писательница вернулась в 1923 г., печатала в основном прозу — рассказы, очерки, сказки для детей в журналах «Красная новь», «Новый зритель», «Пионер».

Стихи из сборника «Эрифилли», Берлин, 1923.

***

А.Б.

Золото кажется белым
На темном загаре рук.
Я не знаю, что с Вами сделаю,
Но сама — наверно, сгорю.

Я уже перепутала мысли
С душным, горячим песком,
От яблок неспелых и кислых
На зубах и словах оскомина.

Беспокойно морское лето.
Я одна. Я сама так хотела.
Обеднелые грустны браслеты
На коричневом золоте тела.

Полночь

Ивану Пуни

Свет электричества камень белит,
Блеском кривым смеются панели.
Где-то в углах, в закоулках ночи
Прячет гримасы свои одиночество.

В глубь тротуаров уходит фигура,
Усталую тень волоча за собой.
Может быть бросит случайно окурок
Ей городская, скупая любовь.

***

Тенью серой, тенью тихой
В кресле Вашем посижу,
И часами будет тикать
Опустелых комнат жуть.

Мне в стекло балконной двери
Клювом зяблик постучит,
И заглянут неуверенные
И ненужные лучи.

Стены, сиротливо-строго,
Будут мне молить о Вас,
И в поникшем сердце дрогнут
Запоздалые слова.

Вера Николаевна Фигнер (1852—1942) известна как революци-
онерка-народница, писавшая стихи в одиночном заключении Шлиссельбургской крепости. Родилась в Мамадышском уезде Казанской
губернии в дворянской семье. Окончив институт в Казани, училась
потом на медицинском факультете Цюрихского университета. Вернувшись на родину, вступила в кружок народников. Вела революци-
онную и просветительскую работу среди крестьян Самарской и Саратовской губерний. После раскола «Земли и воли» вошла в
исполнительный комитет «Народной воли». Принимала участие в
подготовке покушений на Александра II в 1880 и 1881 годах. Темпе-
рамент и отчаянная решимость отличали Веру Фигнер даже среди
террористов-народовольцев: «Верка-топни-ножкой» — вспоминает ее
прозвище Г.Лопатин. По «процессу 14-ти» (убийство провокатора)
была приговорена в 1884 г. к смертной казни, замененной бессрочной
каторгой. Двадцать лет провела в Шлиссельбургской крепости. Стихи писала в 1887—1892 годах. (В 1887 г. заключенным впервые дали
карандаш и бумагу.) «Когда писались стихотворения ... много слез
проливалось, пока тяжелое настроение или воспоминание о матери, о
сестре не выливалось в рифмованные стихи и после этого на душе
делалось как будто легче».

Последнее из написанных стихотворений — «Пали все лучшие»,
после чего, по ее собственному признанию, «источник иссяк». В 1904 г.
отправлена в ссылку, после революции 1905 г. эмигрировала и до

1915 жила за границей. В 1906 г. в Петербурге вышел сборник ее стихов, в 1909 — вторая книга, «Под сводами». После 1917 г. участвовала в работе «Общества политкаторжан», писала воспоминания. «Художественное значение» своих стихов оценивала скромно: «Настоящее место им было бы, кажется, в воспоминаниях о Шлиссельбургской крепости ... а вне мемуаров — каков удельный вес их?»

***

Когда в неудачах смолкает борьба
И жизнь тяготит среди травли жестокой,
На помощь, как друг, к нам приходит судьба,
В тюрьме предлагая приют одинокий.
С умом утомленным, с душою больной,
В живую могилу мы сходим
И полный поэзии мир и покой
В стенах молчаливых находим...
И жгучее чувство в груди день за днем
Под каменным сводом стихает,
Как солнца палящего луч за лучом
В вечерней заре потухает.
И чудится, ночь разлилась над землей
И веет в лицо нам прохладой,
И зноем измучены, воздух сырой
Вдыхаем мы с тайной отрадой.
И пусть нам придется в тюрьме пережить
Ряд новых тяжелых страданий,
Для сердца людского род мук изменить —
Нередко предел всех мечтаний!

1890

***

В казарме этой, всем постылой,
Есть милый уголок один,
Где узник скучный и унылый
Припомнить может рай долин,
Благоухающее поле,
Деревню, сад и свою мать,
Когда в счастливой детской доле
Он помогал цветы ей рвать...

Все вспомнит он, и с восхищеньем,
Понятным только здесь, в тюрьме,
Сорвет цветок... и с утешеньем
Вернется в камеру к себе.

1888

* * *

Когда нахлынувшие воды
В ковчеге Ноя заключили
И дорогой для всех свободы
На долгий срок его лишили,
О травах и цветах мечтая,
Смотрел он вдаль на Арарат
И принесла с крутой вершины
Ему голубка ветвь маслины, —
Едва ли был он больше рад,
Чем я, когда мне голубь странный
Принес левкой благоуханный,
Чтоб показать, что не покрыта
Песком сыпучим вся земля
И что в ковчеге не забыта
Друзьями милыми здесь я.

1888

* * *

Когда в неволе мы порою
Бросаем взгляд вокруг и вдаль,
И тяготеют над душою
Лишь полусумрак и печаль —

Наш стих те чувства отражает,
Что нас волнуют в горький час,
И грудь он нашу облегчает,
Как брызги слез из скорбных глаз...

1 июля 1890

***

Пали все лучшие... В землю зарытые
В месте пустынном безвестно легли!
Кости, ничьею слезой не омытые,
Руки чужие в могилу снесли...
  Нет ни крестов, ни оград, и могильная
  Надпись об имени славном молчит...
  Выросла травка, былинка бессильная,
  Долу склонилась — и тайну хранит...
Были свидетелем волны кипучие,
Гневно вздымаются, берег грызут...
Но и они, эти волны могучие,
Родине весточку вдаль не снесут!

1892

Нина Хабиас — она же Нина Петровна Комарова, по первому мужу, фамилию которого носила и после развода — Оболенская (1892—?), приходилась племянницей Ольге Форш. Поэтесса родилась в Москве, в семье кадрового военного, окончила Смольный институт, в Первую мировую войну стала сестрой милосердия. В годы Гражданской войны очутилась в Сибири, входила в иркутскую литературную группу «Барка поэтов». В начале двадцатых вернулась в Москву. Нина Хабиас причисляла себя к «беспредметникам». Под такой рубрикой были опубликованы ее стихи во втором сборнике «Союза Поэтов» (М., 1922). Эта публикация, если не считать нескольких стихотворений, напечатанных в том же году в книге А.Крученых «Сдвигология русского стиха», была единственной, дающей читателю представление о поэте. Первый сборник стихов Хабиас «Стихетты» (М.,1922) был конфискован цензурой за «непристойность», а второй — «Стихи», вышедший в Москве в 1926 под фамилией Оболенская, не заметили даже библиофилы. Эпатирующие выступления Хабиас в московских литературных кафе неизменно сопровождались скандалами. Поэтессу неоднократно арестовывали. Последний раз в 1937 г. она была приговорена к десяти годам лишения свободы по стандартному обвинению в контрреволюционной агитации. В конце 1942 г. Хабиас вышла на свободу. Следы ее теряются в туркменской глуши, откуда в 1943 г. она обращалась к В.Шкловскому с просьбой о помощи. Посмертно был опубликован поэтический сборник Н.Оболенской (Хабиас) «Собрание стихотворений» (М., 1997).

Стихи Хабиас стоят на грани зауми. Она широко пользуется синтаксическими сдвигами, обильно использует неологизмы. Как отмечал А.Крученых, причислявший Хабиас наряду с О.Розановой и В.Степановой (Варст) к заумной школе, «на первом плане у Хабиас сдвиговой прием, а за ним ... рассказ, тенденция, тема».

Бабушка

Серым сюртучек переломлена книгу
на какой странице покинула Иоанна
нонешний году и смерть ближе
а дедушка улыб над дивном
семидесятник пал на неделе
две белых лепешки и яйцо
раньше внучата обедня
круглому столу жаркий пирог
а теперь окно преет кожаном креслу
немеют пальцы сучок ладонь
острым язык бьют спицы
и глаз седой жилку водит
комната тюль салом солово мужи
портретом позевком с Иоанна Калиты.

1922

***

Снова синий Господи
на живот свой пречистый ложусь
своей ли истоптанной поступью
парной твой сон разбужу
жизнь как вожжами кучер
смятку соски грудей
вот со святым великомучеником
клешами взнуздали постель
ящерицей щурится лесенка
валится ночь набекрень
прежнюю пенку плесени
не замолить стене

не буду кобылой скоро
Христову ступню губам
за черной прошва порога
костыльной костью одна
шелковинкам души ненужно
дергать наметка дней
тело зеленые лужи
червячьи пихи постель
только бабушкины бабушкины руки
как просветы небесных погон
погладят ресницы мутные
унося меня на покой.

1922

Марина Ивановна Цветаева (1892—1941).

«Марина — человек страстей... Сегодня отчаянье, завтра восторг, любовь, отдавание себя с головой, и через день снова отчаянье. И все это при зорком, холодном (пожалуй, вольтеровски-циничном) уме... Все спокойно, математически отливается в формулу», — писал о Марине Цветаевой ее муж Сергей Эфрон. Он думал о ее жизни, мы видим то же в ее стихах. Страсти находят выражение в их синтаксисе — бурном, рваном, на глазах у читателя подыскивающем новые и новые, все более сильные слова. Ум — в ритме; неистовые фразы заковываются в железные стопы и строфы, рисунок их сложен, но неукоснительно единообразен, на сгибах этого ритма беспорядочные слова проступают строгими параллелизмами, с рассчитанным нарастанием и обрывом на самом напряженном месте. Ключевое слово для понимания Цветаевой — романтизм (не «неоромантизм», а самый традиционный, хрестоматийный, ростановский*) — отсюда культ страстей, отсюда же — императивная потребность быть всегда против всех: в советской Москве — за белых, в белой эмиграции — за красных. (В конечном счете — даже против самой себя: короткое стихотворение 1918 г. начинается «Бог прав...» и кончается «...вставшим народом» и испуганной припиской, что понимать надо наоборот.) Гиперболизм подламывал, одиночество обессиливало; от стихов это вело к формульной прозе и от выбранной жизни — к давно примеренной трагической смерти.

---

* *Определение С.С.Аверинцева*

***

Бог — прав
Тлением трав,
Сухостью рек,
Воплем калек,
Вором и гадом,
Мором и гладом,
Срамом и смрадом,
Громом и градом.
Попранным Словом,
Проклятым годом.
Пленом царевым.
Вставшим народом.

1918

Приписка в рукописи: «*NB! Очевидно нужно понять: Бог все-таки
прав, прав — вопреки*».

Попытка ревности

Как живется вам с другою, —
Проще ведь? — Удар весла! —
Линией береговою
Скоро ль память отошла
Обо мне, плавучем острове
(По небу — не по водам!)
Души, души! — быть вам сестрами,
Не любовницами — вам!

Как живется вам с простою
Женщиною? Без божеств?
Государыню с престола
Свергши (с оного сошед),

Как живется вам — хлопочется —
Ежится? Встается — как?
С пошлиной бессмертной пошлости
Как справляетесь, бедняк?

«Судорог да перебоев —
Хватит! Дом себе найму».
Как живется вам с любою —
Избранному моему!

Свойственнее и съедобнее —

Снедь? Приестся — не пеняй...
Как живется вам с подобием —
Вам, поправшему Синай!
Как живется вам с чужою,
Здешнею? Ребром — люба?
Стыд зевесовой вожжею
Не охлестывает лба?
Как живется вам — здоровится —
Можется? Поется — как?
С язвою бессмертной совести
Как справляетесь, бедняк?
Как живется вам с товаром
Рыночным? Оброк — крутой?
После мраморов Каррары
Как живется вам с трухой
Гипсовой? (Из глыбы высечен
Бог — и начисто разбит!)
Как живется вам с сто-тысячной —
Вам, познавшему Лилит!
Рыночною новизною
Сыты ли? К волшбам остыв,
Как живется вам с земною
Женщиною, без шестых
Чувств?

    Ну, за голову: счастливы?
Нет? В провале без глубин —
Как живется, милый? Тяжче ли —
Так же ли — как мне с другим?

19 ноября 1924

Чарская — под этим театральным псевдонимом прославилась писательница Лидия Алексеевна Чурилова (1875—1937). После окончания Павловского женского института в Петербурге Лидия Чарская в течение двадцати лет служила на сцене Александринского театра на вторых-третьих ролях. В 1902 г. вышла ее первая книга «Записки институтки», ставшая, как сейчас бы сказали, бестселлером. После этого последовали многочисленные романы, повести, рассказы, — Чарская оказалась на редкость плодовитой беллетристкой. По кабальному договору с издателем М.Вольфом изготовляла по 3—4 повести в год. И вскоре она стала самой популярной писательницей для юношества, а ее книги — «Княжна Джаваха» (вспомним стихи М.Цветаевой о княжне Джавахе), «Люда Власовская», «Ради семьи», «Смелая жизнь», «Газават» и многие другие — неизменно рекомендовались Министерством народного образования для библиотек школ и гимназий. «Чувствительные» романы, «розовая» беллетристика — аналог современных телесериалов определенного сорта — удовлетворяли вкусы нетребовательного читателя, ищущего в произведении занимательный сюжет и сентиментальные любовные переживания. «Обожаемая Лидия Алексеевна» была кумиром гимназисток, когда в сентябре 1912 г. в газете «Речь» появилась статья К.Чуковского, назвавшего Чарскую «гением пошлости». После революции писательница оказалась в нищете и полном забвении, и ей пытались помочь литераторы из бывшего «враждебного» лагеря (тот же Чуковский).

Стихи — самая слабая часть ее обширного наследия, в них особенно ощутимы недостатки, от которых страдала и проза: небрежный язык, многословие, слащавость, банальность чувств и мыслей. Но Чарская — это целая эпоха, индикатор вкусов массового читателя 1900-х гг., и без нее представление о литературном процессе было бы неполным.

Умерла она в пос. Чкаловское Краснодарского края. Недавно вышло первое послереволюционное переиздание прозы Чарской (в письмах Б.Житкова 20-х гг.: «дрянь книги, но если девчонки до сих пор над ними плачут — значит нужны»).

Все тексты приводятся по единственному стихотворному сборнику Л.Чарской для юношества: «Голубая волна», Пг.; М., 1915.

Давно минувшее

Когда веселой чередою
Мелькает в мыслях предо мною
Счастливых лет веселый рой,
Я точно снова оживаю,
Невзгоды жизни забываю
И вновь мирюсь с своей судьбой...
Я вспоминаю дни ученья,
Горячей дружбы увлеченья,
Проказы милых школьных лет,
Надежды, силы молодые
И грезы светлые, живые
И чистой юности рассвет...

1915

Сиротка

Вышла сиротинка ранним утром в поле,
Много увидала цветиков на воле,
Цветиков душистых: розовую кашку,
Синюю фиалку, белую ромашку,
Дикого левкоя венчик серебристый,
Одуванчик нежный, белый и пушистый.
От цветка к цветочку, от травы к былинке
Переходит крошка... Любо сиротинке!
Любо ей с цветами: их она срывает
И из них веночек пестрый завивает
На могилку близких: матери родимой,
Для отца родного, для сестры любимой,
Для малюток-братьев... Нет уж всех на свете!
И для них цветочки рвет сиротка эти.
Рвет и сладко грезит: будто, полны ласки,
Смотрят милых сердцу любящие глазки —
И сестры, и братьев, и еще другие...
Словно звезды в небе, кроткие такие!
А в глазах сияют чистые росинки,
Точно жаль им бедной крошки-сиротинки.

За книгой

Заброшена кукла... забыты качели...
Смешны и ничтожны былые невзгоды.
Как сон промелькнули, как сон пролетели
Недавнего детства недолгие годы...
Головкою русой склонясь над страницей,
Она погрузилась в мир новых мечтаний...
А мысли бегут и бегут вереницей
И жаждут все новых и новых познаний.
Не скучно ей в долгую пору ненастья,
Когда завывают зимою метели —
С ней — милые книги, с ней новое счастье,
Они ее юной душой завладели.
Забыты волшебные нянины сказки,
Что слушались прежде в углу, у камина.
Читают внимательно карие глазки
И мысленно видят другие картины:
Убогие дети, без крова и пищи,
На улицах молят прохожих о хлебе,
Их лица печальны и бедны жилища
И вся их защита в лазоревом небе.
Ей грезятся матери тихие слезы
И жаркие сына больного объятья...
И верит она, что исполнятся грезы
И счастливы будут несчастные братья!
И верит она, поглощая страницы,
Что всем им поможет Творец всемогущий,
Что снова засветятся радостью лица
И горе минует далекою тучей.

1915

Ольга Александровна Черемшанова (настоящая фамилия Чижова) (1904—1970) родилась в Уфе. После октябрьского переворота жила в Омске, где окончила музыкальный техникум и вошла в круг сибирских поэтов. Впервые выступила в печати в журнале «Таежные зори», единственный номер которого вышел в 1922 г. в Новониколаевске. С 1924 г. Черемшанова жила в Ленинграде, выступала с мелодекламациями и исполнением характерных танцев. В 1925 она выпустила свой единственный сборник «Склеп», предисловие к которому написал М.Кузмин. В книге представлены стилизации испанской, японской и русской народной поэзии. В дальнейшем не печаталась, хотя стихи продолжала писать всю жизнь.

Своеобразие поэзии Черемшановой состоит в обращении к сибирской фольклорной традиции, интересе к духовным песням русских мистических сектантов, сближающем ее с А.Радловой. Лирику Черемшановой отличает эмоциональная напряженность, ритмическое разнообразие стиха, рассчитанного на устное исполнение.

Публикуемые стихи взяты их журнала «Таежные зори» и сборника «Склеп».

Черная вьюга

Ох, ты вьюга, моя вьюгушка!
Ох, ты вьюга, моя кручина!
Ты почто зарыдалась?!
Мне и без тебя холодно,
Холодно, да морозом зябко...
Выпадали мои думушки черным снегом.
Навалили злодейки цельные сугробы,
По сами плечи, по головушку разнесчастну;
Закрыли меня, зазнобили меня.
А из черного сугроба-то не вылезти,
Не вылезти, не выползти...

....

Ох, ты вьюга моя, вьюгушка!
Ох, ты вьюга моя, черная!
Не надо мной ли ты отходную поешь?
Не надо мной ли ты воешь панихидную?
Не надо мной ли ты, вьюга, плачешься,
Плачешься, да рыдаешься?
Ай, не шепчешь ли ты мне, вьюга погребальная,
Что из черного сугроба мне не вылезти,
Не вылезти, не выползти?!

1922

***

Черный нож в ладонь!
Кровь! Боль! Что смотришь? Страшно?
«Я» не ранено».

Черубина де Габриак — самая знаменитая мистификация в русской литературе начала XX века, автором которой была Елизавета Ивановна Дмитриева (в замужестве Васильева, 1887—1928) и Максимилиан Волошин. Летом 1909 года в Коктебеле в Крыму, в гостях у Волошина был придуман звучный псевдоним, создана маска таинственной иноземной красавицы и отобраны стихотворения, способные заинтриговать столичную художественную элиту. С тех пор в течение года редактор журнала «Аполлон» С.Маковский регулярно получал мелко исписанные листки в траурной кайме со стихами, исполненными трагико-романтической патетики. Наибольший интерес в кругу «аполлоновцев» возбуждали полупризнания прекрасной незнакомки: она намекала, что происходит из древнего, едва ли не царского рода, необычайно хороша собой, томится на чужбине и несет крест избранничества и мучительной любви. Стихами Черубины «бредили», И.Анненский писал в своей предсмертной статье: «Пусть она даже мираж... я боюсь этой инфанты, этого папоротника, этой черной склоненной фигуры с веером около исповедальни...» Когда литературная игра зашла уже настолько далеко, что С.Маковский всерьез влюбился, а фантазии поверила даже ее создательница (тонкая, суеверно-чуткая Е.Дмитриева стала отождествлять себя с Черубиной, ощущать ее как подлинное и более реальное воплощение своего «я»), мистификация неожиданно раскрылась: переводчик И. фон Гюнтер, тоже сотрудник «Аполлона», под гипнозом выведал у Елизаветы Дмитриевой тайну Черубины. Разочарование испытали все (даже через много лет С.Маковский, пристрастно и зло описывая встречу с Е.Дмитриевой-Черубиной, не мог простить розыгрыша, выставившего его в смешном свете). Защищая честь Дмитриевой, М.Волошин вызвал на дуэль Н.Гумилева. Для самой поэтессы этот скандал обернулся трагедией: «я — художник умерла». Она замолчала на несколько лет, а вернувшись примерно в 1915 г. к поэзии — в пору ее сближения с Антропософским обществом — писала Волошину: «Черубина никогда не была для меня игрой... Черубина поистине была моим рождением; увы! мертворождением». «Черубина» жила всего год, но это время Марина Цветаева определила как «эпоху Черубины де Габриак».

У Елизаветы Дмитриевой (все оставшиеся годы проведшей, по сути, в борениях с «Черубиной») была иная биография и иная судьба. Она родилась в Петербурге в бедной дворянской семье учителя чистописания. Отец рано умер от чахотки, а сама она в детстве и юности страдала тем же недугом («туберкулез и костей и легких»); в течение нескольких лет была прикована к постели, год была слепа, на всю жизнь осталась хромой. «Люди, которых воспитывали болезни, они совсем иные, совсем особенные» (автобиография). В 1904 г. окончила Василеостровскую гимназию, в 1908 г. — Женский педагогический институт (занималась средневековой историей и средневековой французской литературой). Слушала лекции в Петербургском университете и Сорбонне. Работала учительницей русской словесности и печатала в теософских журналах переводы с испанского. Стихи (примерно с 1908 г.) посылала Волошину; в 1909 г. ходила на «башню» к Вяч.Иванову. На обложке «Аполлона» в числе сотрудников постоянно значилась Е.Дмитриева (а потом, вместе с ней — Черубина де Габриак). После революции ненадолго попала в Екатеринодар, где вместе с С.Маршаком работала для детского театра. Вернувшись в 1922 в Петербург, первое время продолжала сотрудничать с ТЮЗом, затем перешла в Библиотеку Академии наук. За участие в Антропософском обществе в 1927 году была сослана в Ташкент. Там написала последнюю книжку стихов от имени китайского поэта, заброшенного на чужбину, — «Домик под грушевым деревом».

Стихотворение «Умершей в 1781 году» печатается по публикации в «Аполлоне» (1909, № 2; стихи включены в статью М.Волошина «Гороскоп Черубины де Габриак»). «С моею царственной мечтой...» — «Аполлон», 1910, № 12. «Да, целовала и знала...» — одно из посвящений «Анатолию Гранту» — т.е. Николаю Гумилеву; оно напечатано в сборнике: Черубина де Габриак. М., 1889, с неточностями, которые исправлены по архивным рукописям. Все остальные тексты печатаются по архиву Е.Я.Архиппова в РГАЛИ.

Умершей в 1781 году

Во мне живет мечта чужая,
умершей девушки — мечта.
И лик Распятого с креста
глядит, безумьем угрожая,
и гневны темные уста.

Он не забыл, что видел где-то
в чертах похожего лица
след страсти тяжелей свинца
и к отроку из Назарета
порыв и ужас без конца.

И голос мой поет, как пламя,
тая ее любви угар,
в моих глазах — ее пожар,
и жду принять безумья знамя —
ее греха последний дар.

1909

***

С моею царственной мечтой
одна брожу по всей вселенной,
с моим презреньем к жизни тленной,
с моею горькой красотой.

Царицей призрачного трона
меня поставила судьба...
Венчает гордый выгиб лба
червонных кос моих корона.

Но спят в угаснувших веках
все те, кто были бы любимы,
как я, печалию томимы,
как я, одни в своих мечтах.

И я умру в степях чужбины,
не разомкнуть заклятый круг.
К чему так нежны кисти рук,
так тонко имя Черубины.

1910

Хорей

вместе с Дактилем и Амфибрахием написан для эвритмических упражнений в Антропософском обществе. 1915, апрель, СПб.

Хрупкой прядки трепет,
Как отрадно прясть!
Робко-резвый лепет
Кроет ритма власть.
    Рук незримых пряжа
Размеряет путь;
Разве радость та же?
Разве ноет грудь?
    Разве двери рая
Не раскрылись вновь?
Разве, не играя,
Разгорелась кровь?
    Розы крови, рея,
Дали красный нимб.
Ровный бег хорея
Подарил Олимп.

✻✻✻

Да, целовала и знала
Губ твоих сладкий след;
Губы губам отдавала,
Греха тут нет.
    От поцелуев губы
Только алей и нежней...
Зачем же были так грубы
Слова обо мне?
    Погас уж четыре года
Огонь твоих серых глаз.
Слаще вина и меда
Был нашей встречи час.
    Помнишь сквозь снег над порталом
Готической розы цветок?
Как я тебя обижала,
Как ты поверить мог?

5 ноября 1925

Петербургу

Под травой уснула мостовая,
Над Невой разрушенный гранит...
Я вернулась, я пришла живая,
Только поздно: город мой убит.

Надругались, очи ослепили,
Чтоб не видел солнца и небес,
И лежит, замученный, в могиле...
Я молилась, чтобы он воскрес!

Чтобы все убитые воскресли!
Бог Господь, отец бесплотных сил,
Ты караешь грешников, но если б
Ты мой город мертвый воскресил!

Он Тобою удостоен славы
От врагов кончину восприять,
Но ужель врагов его лукавых
Не осилит ангельская рать?

И тогда на зареве заката
Увидала я на краткий миг,
Как на мост взошел с мечом подъятым
Михаил Архистратиг.

1922, весна, С-Пб.

Ада Артемьевна Чумаченко (1887—1954) родилась в Таганроге в учительской семье. Закончила с золотой медалью таганрогскую Мариинскую гимназию и получила звание домашней наставницы. Первые стихи напечатала в «Таганрогском вестнике» в одиннадцатилетнем возрасте. В 1907 подала заявление на Высшие женские курсы проф. Герье, но к учебе приступила позже, когда семья переехала в Москву. Училась на курсах с 1909 по 1915 г., видимо, с перерывом, так как образование там было трехлетнее. С 1908 г. начала регулярно сотрудничать с петербургскими журналами — «Вестником Европы», «Русским богатством», «Сатириконом» и др. На литературном конкурсе произведений для детского театра получила первую премию за пьесу «Люли-музыкант». В том же 1912 году вышел сборник Ады Чумаченко «Стихи» — один из экземпляров она надписала и послала А.Блоку (жест не только обычный для молодой поэтессы в то время, но почти ритуальный). Но вовсе необычен автограф на книге, подаренной ... себе самой (экземпляр хранится в Музее Ахматовой): «Маленькой храброй женщине, с которой, должно быть, радостно и не страшно плыть даже в Батавию, — искренне благодарная за хорошие стихи и смелые мечты Ада Чумаченко». От нарциссизма и поэтических красивостей ей удалось вскоре избавиться, но дорогой ценой, пережив революцию, Гражданскую войну, разрушение того небольшого, но уютного и обжитого мирка, где только и могли возникнуть ее «хорошие стихи и смелые мечты». Зрелая поэзия А.Чумаченко приходит к современному читателю в редких журнальных подборках лишь посмертно, спустя десятилетия. Ее стихи ценили Н.Клюев и М.Горький, И.Бунин и Б.Пильняк. В официальной советской литературе она числилась по разряду признанных детских писателей: повесть «Человек с Луны» — о русском путешественнике Миклухо-Маклае — входила в школьные хрестоматии. Антирелигиозные рассказы для детей сейчас уже прочно забыты, и слава богу, а талантливого поэта Чумаченко еще предстоит издать и оценить.

В кинематографе

Под низким расписанным сводом
Старинные «Волны Дуная»
Звенят, заглушенные смехом
И бархатом красных портьер.
На светлом дрожащем экране
Сменяются быстро, мелькая,
И степи, и скалы, и люди,
И лошади смелый карьер.
Порой, в полосе золотистой
Холодного света, так тонко
Идущей откуда-то сзади
На белый экрана квадрат,
Блеснет на мгновение профиль
Плененного сказкой ребенка,
Волос шелковистые пряди
И нежный, задумчивый взгляд.
От труб, заграждающих небо,
От глаз разноцветных трамвая
И блеска ненужных витрин,
Детей, не видавших ни моря,
Ни степи, ни спелого хлеба,
Приводят к блестящим экранам,
К мелькающей смене картин.
Сосед мой, кудрявый ребенок

С улыбкой и взглядом горящим,
Ты видишь, — вон там, на экране,
Белеют над пеной валов
Воздушные легкие чайки
И криком встречают звенящим
Дыханье соленого ветра
И стройные мачты судов?
Да, всем нам нужна, как ребенку,
И сказка, и смелая птица,
Нужны и соленые брызги,
И пена вскипевших гребней.
Средь стен, заграждающих дали
И отблески синей зарницы,
Средь труб, закрывающих в небе
Сиянье звездных огней.

1912

***

Мысли мои о тебе — это связка ключей золотая.
Каждая мысль отпирает тяжелую дверь, и сверкая,
В холод и мрак запустенья врываются яркие краски...
Мысли мои о тебе — это связка ключей золотая.
Песни мои о тебе — это пляска пылинок зажженных...
Долго дремали пылинки в углах своих темных и сонных,
Но, засверкав, протянулся к ним день золотыми лучами,
В легкий и радостный танец их свил, зажигая огнями.
Песни мои о тебе — это пляска пылинок зажженных.

1912

***

В эти годы войны и революции,
Отмеченные кровавой чертой
В настольном календаре вечности,
Я не писала никаких стихов
И не пела никаких песен,
Кроме тех колыбельных, чуть слышных,
Напеваемых так, сквозь зубы.
Крепкой цепью было стиснуто сердце,
Как у верного Йогана из сказки,
Чтобы как-нибудь не изойти жалостью

И не расплескать своей любви на сторону —
Ведь ее надо было так много,
Чтобы согреть собственных детей,
Мерзнувших над холодной буржуйкой.

Стиснув зубы, я несла все, что надо,
Все, что полагалось носить в эти годы:
Мороженую картошку в рваных мешках,
Заплесневелые караваи хлеба,
Доски, оторванные от чьих-то заборов,
И чужие проклятья и злобу.

О, эти длинные, длинные переходы
По пустой и обнищавшей Москве.
Гулко ухали оторванными болтами
Разоренные окна домов.

В рваных валенках скользили ноги
По сугробам, засыпавшим рельсы,
И горам обледенелого навоза.

Ветер рвал, налетая с разбега,
И выбивал из-под ослабевших ног
Несущуюся в неизбежность землю.

И только звезды,
Крепко вбитые морозом
В неподвижное черное небо,
Рассыпались алмазною пылью
Над вздыбленной конницей
Триумфальных ворот.

Я несла свое сердце,
Чутко слушая каждый его толчок.
Только бы не ослабеть,
Только бы не изойти жалостью,
Щемящей, мучительной жалостью
И к пустому городу
С гудящими проводами,
И к разбитым окнам человеческого жилища,
И к земле, потерявшей орбиту.

А за триумфальной аркой
Черной на аспидно-черном небе
Ночь жила, похожая на такие же ночи,
Когда еще можно было
Петь, смеяться, жалеть и любить,
Все любить, к чему тянется сердце.

1920-е гг.

Ольга Николаевна Чюмина (1864—1909) родилась в Новгороде, детство провела в Финляндии, получила домашнее образование. Со стихами впервые выступила в печати в 1882 г. Ее технически грамотные, культурные стихи, выдержанные в традиционных для лирики 80-х гг. XIX в. тонах, охотно печатали такие разные журналы, как «Вестник Европы», «Русская мысль», «Северный вестник», «Русское богатство». Чюмина выпустила ряд поэтических сборников — «Стихотворения» (1890) и (1897), «Новые стихотворения» (1905), «Осенние вихри» (1908), основные темы которых — природа, любовь, социальная несправедливость. Особняком стоят ее сатирические стихи, подписанные псевдонимами Бой-Кот и Оптимист и собранные в книгах «В ожидании» (1905), «Песни о четырех свободах» (1906), «На темы дней свободы» (1906). По большей части это стихотворные фельетоны, построенные как парафраз известных классических произведений, с остроумной игрой слов и оригинальными рифмами.

Публикуемые стихи взяты из сборников «Стихотворения» (1897) и «На темы дней свободы» (1907).

***

Тучки воздушно-туманные
   Тихо клубятся во тьме;
Думы тревожные, странные,
   Смутно проходят в уме.
Вновь ли воскресло забытое?
   Жду ли чего впереди?
Жало тоски ядовитое
   Чувствую снова в груди?
Близкого ль горя угрозою
   Чуткое сердце полно?
Вновь ли несбыточной грезою
   Втайне забилось оно?
Кто эти сны безотчетные,
   Эти виденья поймет?
Схожи они мимолетные,
   С зыбью на зеркале вод.

Песнь торжествующей невинности
(Музыка русских премьеров)

Прекращенье парламентской сессии
  С соблюденьем законнейших форм —
Неужели же это — репрессия,
  А не путь либеральных реформ?
Если рот закрываю всей прессе я,
  Иль тюремный готовлю ей корм —
Неужели же это — репрессия,
  А не путь либеральных реформ?
Тяготеют к союзам профессии,
  Но боюсь я партийности уз,
Неужели же это репрессия —
  Наш «тюремных союзов союз»?
Если казни на нашем конгрессе я
  Утверждаю порой без забот —
Неужели же это — репрессия,
  А не путь к дарованью свобод?
Если люди весьма прогрессивные
  Совершают «сибирский поход» —
Это меры едва ль репрессивные,
  Но к свободам прямой переход.
Мы дела совершим богатырские,
  Не сойдя с министерских платформ,
И да скроют равнины сибирские
  Всех противников наших реформ!

Мариэтта Сергеевна Шагинян (1888—1982) родилась в Москве в семье профессора-медика. Окончила историко-философский факультет Высших женских курсов, посещала занятия в народном университете им. А.Л.Шанявского, слушала лекции в Гейдельбурге, изучала минералогию, текстильное дело, в 1930-е годы училась в плановом институте, постоянно занималась самообразованием. Литературную деятельность начала с 1903 г. с символистских стихов, зарабатывала на жизнь журналистикой и частными уроками. Книга стихов «Первые встречи» (1909) оказалась малоудачной. Подписывая ее своим друзьям Выгодским, поэтесса признавалась: «... книжка, напечатанная на дедушкину шубу и скупленная мною самой на деньги, оставшиеся от той же шубы». Второй сборник «Orientalia» имел такой успех, что неоднократно переиздавался. Темпераментные экзотические стихи были услышаны, казалось, всеми: молодая поэтесса сразу стала в ряд имен, с которыми всерьез считались и критики, и коллеги. Для М.Шагинян это было время увлечения личностью и творчеством Зинаиды Гиппиус (в 1912 г. выпустила брошюру о З.Гиппиус «Блаженство имущего»); время романтической переписки с композитором С.Рахманиновым (подписывала свои письма нотным значком «ре»); это было время ее взлета и цветения.

Впереди же был славный путь советской писательницы, многотомные собрания сочинений в красных обложках, оптимистические повести и романы о социалистическом строительстве, о Ленине, о Шевченко и Низами, о Крылове и Гете; автобиографическая проза, производственные очерки; докторская степень; Сталинская, Ленинская и всевозможные премии, официальное признание и литературная работа до последних дней долгой — очень долгой — жизни.

Полнолуние

Кто б ты ни был, — заходи, прохожий.
Смутен вечер, сладок запах нарда...
Для тебя давно покрыто ложе
Золотистой шкурой леопарда.

Для тебя давно таят кувшины
Драгоценный сок, желтей топаза,
Что добыт из солнечной долины,
Из садов горячего Шираза.

Розовеют тусклые гранаты,
Ломти дыни ароматно вялы;
Нежный персик, смуглый и усатый,
Притаился в вазе, запоздалый.

Я ремни спустила у сандалий,
Я лениво расстегнула пояс...
Ах, давно глаза читать устали,
Лжет Коран, лукавит Аверроэс!

Поспеши... Круглится лик Селены;
Кто б ты ни был — будешь господином.
Жарок рот мой, грудь белее пены,
Пахнут руки чабрецом и тмином.

Днем чабрец на солнце я сушила,
Тмин сбирала, в час поднявшись ранний.
В эту ночь — от Каспия до Нила —
Девы нет меня благоуханней!

1911

Memento mori

В юности я вожделел и вина и женщин.
К зрелым годам не пьянят ни вино, ни ласка.
Медлен мой день, и только бокал мой пенит
Вечный напиток — сладостный сон-целитель.
В сон, как в мечеть, у порога оставив туфли,
Каждую ночь, забыв про себя, вступаю.
Все, что не я, опять нахожу на месте;
«Здравствуйте, — им говорю, синий сон и дорожка!»
«Здравствуй, — и мне в ответ синий сон и дорожка, —
Мы тут стоим, а ты?» — «А я сокращаюсь.
Вот и опять я стал короче, чем прежде.
Завтра буду короче, чем был сегодня.
Вы собирайте меня, синий сон и дорожка!
Запоминайте, сколько меня тут было!
Стонет дух мой о протяженном покое;
Синим сном и дорожкой пора протянуться...»

1921

Мария Михайловна Шкапская (урожденная Андреевская) (1891—1952) родилась в Петербурге, окончила филологический факультет Тулузского университета, в течение года слушала лекции в школе восточных языков в Париже. В 1915 г. Шкапская вернулась из Франции в Россию, занималась литературной работой, сотрудничала в газете «День». В 1910—1912 гг. ее стихи и сказки время от времени появлялись в газетах, однако первая «серьезная», по мнению самой поэтессы, публикация стихов относится к 1916 г., когда ее стихи опубликовал журнал «Вестник Европы». В 1920 г. вышел поэтический сборник Шкапской «Mater Dolorosa». За ним последовали небольшие книжки стихов «Час вечерний» (1921), «Барабан строгого господина» (1922) — название заимствовано из произведения Е.Гуро, «Кровь-руда» (1922), «Книга о Лукавом Сеятеле» (1923), «Земные ремесла» (1925). В последующем Шкапская перешла на журналистскую работу и стала известной очеркисткой.

Основная тема поэзии Шкапской — физиологические и психологические переживания женщины в период беременности, деторождения и уничтожения плода. Такая проблематика дала повод критике назвать Шкапскую поэтом «с гинекологическим уклоном». Однако, несмотря на рискованность тем, ее поэзия глубоко религиозна. Особняком в творчестве Шкапской стоит поэма «Явь» о зверствах Гражданской войны, выдержанная в экспрессионистической манере. Отличительной чертой поэтики Шкапской является отсутствие разбивки текста на строки при сохранении рифмы и ритмической организации стиха.

Публикуемые стихи взяты из сборников «Mater Dolorosa» и «Земные ремесла».

***

Да, говорят, что это нужно было.
И был для хищных гарпий страшный
корм, и тело медленно теряло силы,
и укачал, смиряя, хлороформ.

И кровь моя текла, не усыхая — не
радостно, не так, как в прошлый раз,
и после наш смущенный глаз не ра-
довала колыбель пустая.

Вновь, по-язычески, за жизнь своих
детей приносим человеческие жертвы.
А Ты, о Господи, Ты не встаешь из
мертвых на этот хруст младенческих
костей!

***

Лукавый сеятель, свой урожай
лелея, ты пажити готовишь под
любовь, и вовремя запашешь
и засеешь и в русло нужное всегда
отвесть успеешь тяжелую бунтующую кровь
Здоровую на тучный чернозем,
дающий нам тугие травы, а слабую заманишь ты лукаво
в пустыню свергнуться бушующим
ручьем, для видимости радости
и славы, чтоб иссушить медлительно потом под солнечным
сжигающим лучом.

Валентина Андреевна Щеголева (девичья фамилия Богуславская; 1878–1931), актриса, жена литературоведа, историка и пушкиниста П.Е.Щеголева. Имя Валентины Щеголевой известно любителям поэзии Серебряного века отнюдь не из-за ее оригинальных стихов (о существовании которых не подозревали ни современники, ни потомки), но благодаря стихам А.Блока, пережившего в 1908–1910 годах увлечение актрисой и оставившего цикл «Три послания В.Щ.»:

Валентина, звезда, мечтанье!
Как поют твои соловьи...

По воспоминаниям ее подруги, Надежды Чулковой, «В.А. была совсем некрасива лицом, но очень женственна и грациозна, имела приятный голос. Когда она волновалась, речь ее была порывистой и почти бессвязной. В третьем послании строчки «эти дикие слабые руки» и «бормотаний твоих жемчуга» прекрасно передавали ее манеру выражать свои чувства». Валентина Андреевна профессионально исполняла стихи. Восхищенный ее декламацией стихотворения «Мэнада», написанного в память Л.Зиновьевой-Аннибал, Вячеслав Иванов посвятил актрисе восьмистишие об «огненных и горьких устах». Своих стихов В.Щеголева не читала ни на концертах, ни в узком кругу, никогда не печатала, и даже удержалась от искушения показать их влюбленному Блоку. Сочиняла с 1905 года, но большая часть текстов вызвана воспоминаниями о романе с А.Блоком — самым ярким эпизодом ее жизни. Стихи Щеголевой разбросаны по страницам дневника, перемежаются черновыми записями — и сами они чаще всего носят черновой, эскизный характер. Это неловкие попытки выразить словесно и ритмически ту сладкую боль, какую неизменно вызывало одно уже имя Блока, «прилежной детскою рукою переписанная много раз большая буква А». В дилетантских стихотворениях Валентины Щеголевой парадоксальным образом переплетаются две струи: наивное подражание Пушкину (идущее от интересов мужа), и откровенное влияние Блока.

Рукопись стихотворения из коллекции М.С.Лесмана любезно предоставлена Н.Г.Князевой.

* * *

А.Б-у

Стою с поникшей головой,
Усталый снег лениво реет.
Твой голос вещий где-то реет
Над очарованной Невой.
Беззвездной ночи тишина

Тревогу будит. Что со мною?
Огнем ли «снежного вина»
Опалена душа, иль мглою
Застывшей скована она.
Волненье, боль и примиренье,
Исчезнет все, уйдет, куда?
Гонимы бурей по теченью
Летят безудержно года.
И кубок, полный жизни бурной,
И горечь в ярком хрустале,
Все разобьется пеньем лунным,
Утонет в звездно-синей мгле.

1908, с более поздней
(20-е годы) правкой.

Татьяна Львовна Щепкина-Куперник (1874—1952) родилась в Москве, окончила гимназию в Киеве, в течение года слушала лекции в Лозаннском университете в Швейцарии. В двенадцатилетнем возрасте опубликовала в киевской газете «Свет» свои первые стихи, посвященные столетнему юбилею прадеда, знаменитого актера М.С.Щепкина. В 1892 г. дебютировала как драматург. В 1898 вышел первый сборник ее стихов «Из женских писем», за которым последовали еще три — «Мои стихи» (1901), «Облака» (1912) и «Отзвуки войны» (1915). Щепкина-Куперник была также автором повестей, рассказов, очерков и мемуаров. Ей принадлежат талантливые переводы из западноевропейской драматургии.

Стихи Щепкиной-Куперник, написанные в традиционной манере, простым, ясным языком, пользовались популярностью среди широких читательских кругов. Ее стихотворение «От павших твердынь Порт-Артура» (1905) стало народной песней. Важное место в поэзии Щепкиной-Куперник, как и во всем ее творчестве, занимает тема трудящейся женщины, отстаивающей свое равноправное положение в обществе.

Публикуемые стихи взяты из книг «Из женских писем» и «Отзвуки войны».

В рождественский вечер

Вечер полон какой-то печальной
И хрустальной
Чистоты...

Легкий иней покрыл кружевною
Белизною
Все кусты.

Зеленеет вверху над закатом
Розоватым
Небосклон,

В даль глубоко уходит аллея,
Голубея
Как сквозь сон...

Над рекою в тумане — не мрачном,
А прозрачном —
Чуть ясней

Выступает, колеблясь и тая,
Золотая
Цепь огней.

***

В этот час, в этот миг — неужели
Свист шрапнели
Где-то там,

И поток протекает кровавый
Грозной лавой
По полям?

И орудий разносится грохот,
Точно хохот
Сатаны —

В этот вечер, весь полный печальной
И хрустальной
Тишины?

Русской женщине

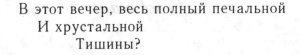

В кошмаре вечном увлечений смутных,
В ненужной сердцу суетной борьбе,
Среди тревог, страстей, блаженств минутных,
Сестра моя! Завидую тебе,
Да, в этом мире, полном наслажденья,
Могла ты быть одною из цариц.
Но ты другие избрала владенья...
За то и нет им на земле границ.
В чужих степях, в забытых Богом селах,
Нашла себе желанный ты приют,
Там в прозябанье дней, годин тяжелых
Твои слова — луч счастия дают.
Везде, где только в дверь стучится холод,
Где преступленья жадно ждет нужда,
Где бледных жертв подстерегает голод —
Уж ты спешишь, как легкий дух, туда.
Ты явишься... таким спокойным светом
Блестит твой ясный, ласковый твой взгляд,
Что не пугает даже темным цветом,
Больных детей смиренный твой наряд...
Приносишь ты тепло успокоенья
И в жизнь, и в душу жалких бедняков,
И, слабая, ты облегчаешь звенья
Тяжелого невежества оков.
И я, сестра, служу тому же Богу!
Жизнь юную хочу отдать ему:
Пусть образ твой укажет мне дорогу,
Рассеявших сомнений тайных тьму.
Ты — сильная своею верой чистой,
Меня с собою властно призови!
Веди меня с собой на путь тернистый
К святым чертогам правды и любви!

Содержание

Сто одна
поэтесса Серебряного века

Сост. и биогр. статьи : М.Л.Гаспаров,
О. Б. Кушлина, Т.Л. Никольская.

Рецензент : С.С. Гречишкин

Верстка *Елена Орешкина*
Обложка и титул *Алексей Рейпольский*
Корректор *Ольга Юдина*

ООО «Издательство ДЕАН». ЛП № 000106 от 17.03.99.
191040, Санкт-Петербург, Пушкинская, 10.
Тел.: (812) 164-52-40. Тел./факс: (812) 164-52-85.
E-mail: adia@peterlink.ru

Подписано в печать 07.02.2000. Формат бумаги $70 \times 100\,^1/_{16}$.
Печать офсетная. Гарнитура Литературная. Тираж 5000 экз.
Усл. печ. л. 15. Заказ № 240.

Отпечатано с оригинал-макета в ГПП «Печатный Двор»
Министерства РФ по делам печати, телерадиовещания
и средств массовых коммуникаций.
197110, Санкт-Петербург, Чкаловский пр., 15.

Книги издательства ДЕАН
можно приобрести

в Москве:

магазин «Библио-Глобус», ул. Мясницкая, 6,
ст. М. «Лубянка»

в Санкт-Петербурге:

Дом книги, Невский пр.,28,
ст. М «Невский проспект»

магазин «Печатный Двор», Чкаловский пр., 15
ст. М «Чкаловская»